后浪

人生を変える行動科学セルフマネジメント

从行动开始

自我管理的科学

自分を変化させるたったひとつの方法

[日] 石田淳 —— 著

朱悦玮 —— 译

江西人民出版社

自 序

我们身处于"自己为自己负责"的世界之中,这里有各种不同的价值观,还有无数真伪难辨的信息。"终身雇佣制"已经成为过去,即便在大企业中工作,你也不知道将来究竟会怎样。而看看我们周围的同龄人,会发现大家的确变成了工作上的"游牧民",对工作的选择和对生活的追求与从前相比发生了巨大的变化。究竟怎样生活才是对的?

尽管我们害怕错误的选择毁掉我们的人生,但在这个时代,"明确的标准"也几乎失效了。在这种情况下,很多人难以作出判断,甚至会为无法很好地控制自己而感到苦恼。要想不随波逐流,找到自己的人生价值和生存方式,构筑起真正适合自己生存的空间,"自我管理的能力"是必不可少的。

"我想成为有成就的人""我想摆脱消极的思考方法,积极地生活下去""我想改掉坏习惯"……或许很多人都对自己抱有这样的期望吧,但实际上,能够真正做到的人少之又少。

为什么人们不能依循自己的内心想法来管理自己呢?

不谈那些无法达到的事,可是为什么不能对别人有耐心，为什么不能成功减肥，为什么不能戒烟呢？你是否认为失败是由于自己"意志薄弱"造成的呢？如果你真的这样想，那么我告诉你，这种想法本身就是阻碍你改变人生的最大敌人！认为只要拥有坚强的意志，就能够比别人更加努力，就能更好地控制自己的感情，就能够成功，认为改变自己首先必须让自己变成一个意志坚强的人，这种想法本身就是错误的。也正因为你有这样的想法，所以你才一直都没有改变。

请想一想，就算你变成了一个意志坚强的人，又意味着什么呢？人类天生就有惰性。不承认自己的惰性，总是用严格的戒律来约束自己，那人生岂不是会变得非常痛苦和乏味？

当你想要达到某种目标时，当你想要控制焦躁的情绪时，当你想要减肥和戒烟时，究竟怎样做才是理想的状态呢？记住，你只是想要得到"控制情绪""减肥"和"戒烟"的结果，而不是变成"能够控制情绪的意志坚强的人"或变成"能够成功减肥的意志坚强的人"。

能够导出结果的只有"行动"。不管你有多么坚强的意志，如果没有行动的话仍然不会产生任何结果。反之，就算意志非常薄弱，但如果采取行动的话一样能够收获成功。明明只要将注意力都集中在简单的"行动"上就好了，可是你却将注意力集中在所谓抽象的"意志"上。我并不是说意志无关紧要,但完全依赖意志来改变你的人生并不会提高行动的效率。

具体内容我将在正文中为大家进行详细的讲解。我们每个人都有"负面思考"的习惯,在这种习惯的影响下,我们总是把事情往坏的方向想,所以要想"凭借坚强的意志让事情走上正轨"是非常困难的。要记住,最重要的是结果,而能够导出结果的只有行动,与意志无关。

当然,在你有所收获之后,你将获得真正的自信。这种良性互动有"一加一大于二"的效果。一旦你减肥成功,就会有"接下来把烟也戒了吧"的想法。当你一个一个地完成计划时,就会发现自己获得的也越来越多。本书的目的不是让你变成意志坚强的人,而是让你变成能够取得成就的人,成为能够用行动来控制意志的人。如果读者在看完这本书之后,能够转变"改变自己"的陈旧观念,那将是我最大的荣幸。

让我们来做一个约定。如果你想要改变自己,不要"从明天开始",而是从放下这本书的那一瞬间开始。就算是很小的事情,只要实际行动起来,也能成为改变你人生的第一步。

石田淳

目　录

自序 …………………………………………………… 1

第一章　你之所以难以改变的原因 …………………… 1

1.1　就算意志薄弱也可以使行动习惯化　3

1.2　通过"棉花糖实验"所发现的成功者的特征　5

1.3　行动科学管理术　8

1.4　人类的认知常常与事实不符　10

1.5　"积极思考"没有太大效果的原因　12

1.6　通过行动来进行判断　14

1.7　只有"前提条件"无法坚持下去　16

1.8　人类很容易被眼前的利益所左右　18

1.9　我们无法理性地看待"自己"　20

1.10　每个人都戴着名为"偏见"的有色眼镜　22

1.11　当人类失去理性的时候　24

1.12 过于在意"损失"就会失去"可能性" 27
1.13 对失败的恐惧挥之不去 29
1.14 了解自己的"认知偏差" 32
1.15 人类没有自己想的那么"有个性" 34
1.16 只有改变"行动"才能改变"人" 36

第二章 戒除那些毁掉你人生的习惯……………… 37
2.1 不要依赖"意志"的力量 39
2.2 事例1：被冲动的感情所控制 42
2.3 事例2：逃避困难 47
2.4 事例3：随波逐流 52
2.5 事例4：吸烟、暴饮暴食、酗酒 57
2.6 事例5：改不了迟到的毛病 62

第三章 小心你"深信不疑"的陷阱……………… 67
3.1 因为"自动思考"而在重大问题上做出错误的选择 69
3.2 了解"语言"的力量 72
3.3 沉浸于过去的人永远无法解决问题 75
3.4 "自己真的什么事情都做不好吗？" 77

3.5　不要过分关注"做不到的事"　79

3.6　谷歌公司员工培训时也会用到的"正念法"　81

3.7　"感情"不是现实　84

3.8　愤怒的"真正原因"　87

3.9　把握自己，关注"现在"　90

第四章　从小习惯开始 …… 93

4.1　年收入一百万以上也不会提高幸福度　95

4.2　拥有具体的目标　98

4.3　总是与别人比较不会得到真正的幸福　100

4.4　用"MORS法则"来驱动自己　103

4.5　"开始"与"坚持"是不同的行动　105

4.6　开始的目标是"马上取得结果"　107

4.7　只要能获得"成就感"，人们就会更主动地采取行动　109

4.8　养成"不做就不舒服"的习惯　111

4.9　人类任何时候都可能改变　113

4.10　新行动"从三开始"　115

4.11　让每天的压力"可视化"　118

4.12　"行动列表"在自我管理中非常有效　120

4.13 使用"方便的记录工具" 122

4.14 利用"生活的记录本"感受"自己的能力" 125

4.15 用"感谢卡"消除人际关系上的压力 127

4.16 利用"实况转播"让意识回到现实 130

4.17 化整为零 133

4.18 不要走极端 135

4.19 通过累积的成果来进行评价 137

第五章 避开陷阱⋯⋯⋯⋯⋯⋯⋯⋯⋯⋯⋯⋯⋯ 139

5.1 扔掉"为了将来而忍耐"的想法 141

5.2 不要因为"无谓的想象"给自己增添压力 143

5.3 养成"冥想"的习惯 145

5.4 逃避压力只会造成更大的压力 147

5.5 如何战胜眼前的诱惑 149

5.6 认清你该做的事 151

5.7 用"ABC模型"作为行动的原则 153

5.8 不要把目标定得太高 156

5.9 行动都是可以"量化"的 159

5.10 面对失败时的三种心态 161

5.11　如何成为一名能够应对突发事件的人　164

5.12　只要调整好心态就可以应对突发事件　167

5.13　"应该做"和"想要做"　170

5.14　整理感情，简单行动　172

第六章　认同自己 …………………… 175

6.1　提高"自我效能"的四个关键　177

6.2　不要依赖"感觉"　180

6.3　用行动来解决人际关系的问题　182

6.4　感情与事情的本质没有关系　185

6.5　"劣后顺序"比"优先顺序"更重要　187

6.6　不要做"时间的奴隶"　189

6.7　用应用程序来管理时间　191

6.8　如何获得"金钱之外的报酬"　193

6.9　养成好习惯的"5分钟行动"　195

6.10　人生是一种必然　197

6.11　请在放下这本书的瞬间开始行动　199

出版后记 …………………………………… 201

第一章

你之所以难以改变的原因

1.1 就算意志薄弱也可以使行动习惯化

想取得好的工作成果，想通过学习提升自我，想更有效地利用时间，想拥有充满魅力的外表，想养成健康的生活习惯……我们每个人都有各种各样的愿望。

但是，就算有愿望也不一定会实现，这是事实。

当无法随心所欲地实现自己的愿望时，人们往往会产生自暴自弃的想法。

"因为我是个意志薄弱的家伙""因为我没毅力，所以做不到""因为我有性格缺陷，所以才总是失败"……然后，我们会因为"理想的自己"和"现实的自己"之间存在的差距而感到苦恼。

虽然，如果我们已经发现问题的话，那么只要解决问题就可以了，但实际上却没那么容易。正因为没那么容易，所以我们很容易埋怨自己——"这样的事都做不好，我真是没用"，很多人就这样陷入自责的恶性循环之中。

其实，给自己贴上"我真的不行"的标签是毫无意义的。更重要的是，一旦我们给自己贴上这样的标签之后，想要把这个标签摘下去就非常困难。

这种情况基本上都是由你"错误的思维"造成的。明明你没有任何"不行"的地方，但是你却做出了"自己不行"的判断。

在我们的人生中，能够真正导出结果的只有"行动"。而不采取任何行动，只在头脑中反复地思考"必须拥有更坚强的意志"之类毫无意义的事情却是人类最大的特点。

不管是工作还是生活，帮助我们取得成功的并非"意志"而是"行动"。只有改变行动，才能改变一切。

如今，坐在副驾驶位置的人都会系安全带。很多乘客就算坐在出租车的后座上也会自觉地系上安全带。但是，在不久之前，驾驶员因为"太麻烦"而不系安全带的现象也非常普遍。

在日本法律规定乘车必须系安全带之后，人们就算不愿意，也必须系上安全带了，于是不止驾驶员，就连副驾驶和后座上的乘客也养成了系安全带的习惯。

在日本恐怕很难找到"从没坐过车的人"。也就是说，几乎所有的日本人都养成了系安全带这个习惯。当然，就连那些感觉自己"意志薄弱"的人也一样。

1.2 通过"棉花糖实验"所发现的成功者的特征

　　心理学家沃尔特·米歇尔在美国的斯坦福大学进行了一项非常著名的实验,叫作"棉花糖实验"。他以斯坦福大学附属幼儿园的 4 岁儿童为实验对象,测试他们"是否能够控制自己不吃摆在面前的棉花糖"。

　　实验的过程是将 4 岁的儿童单独叫到一个小房间里,在每个孩子面前放一颗棉花糖,然后告诉他们:"你可以现在就把这颗棉花糖吃掉,但如果你能等 15 分钟后再吃,那我就多给你一颗棉花糖。如果你在 15 分钟之内想吃棉花糖,需要先按铃然后再吃。但是如果吃掉棉花糖,你就无法得到额外的棉花糖。"

　　然后实验者就走出房间,只留下孩子们,工作人员利用隐蔽的摄像头拍摄孩子们的行动。

　　孩子们为了调动自己的自制力,会做出各种各样的努力。

有的孩子用手遮住眼睛不去看棉花糖，有的孩子夸张地玩弄自己的头发来分散注意力，还有的孩子把棉花糖当成玩具来做游戏，总之孩子们的战术非常多样。

实验结果显示，孩子们等待吃棉花糖的平均时间只有2分钟。甚至还有在实验者走出屋子之后，连铃都没按就直接将棉花糖吃掉的孩子。成功等待15分钟之后获得2颗棉花糖的孩子在参加实验的4岁儿童里只有25%。

然而这个实验并没有就此结束。

12年后，米歇尔针对参加棉花糖实验的600余名儿童进行了追踪调查。调查的结果显示，那些完全无法等待，30秒之内就按铃吃掉棉花糖的孩子，在学校和家庭中大都属于"问题儿童"。

相反的，那些等待了15分钟的孩子们则在待人接物上表现得非常优秀，面对困难时更有勇气。这些孩子的学习能力也很优秀，SAT（相当于日本大学升学考试）的分数与那些连30秒都等不了的孩子们相比，平均高出210分。

从这个实验结果来看，自制力的强弱会影响人生的许多方面。

或许你会认为："这种事我也知道，所以我才必须有坚强的意志啊。"

但是，你觉得4岁的儿童能够凭借坚强的意志来控制自己的欲望吗?

那些孩子为了调动自己的自制力用了各种各样的方法。擅长这些方法的孩子就能够得到2颗棉花糖。也就是说,"是否能够采取有效的行动"决定了能否改变结果。而且,如果能够长期采取有效的行动,甚至可以控制自己的意志。

让我们来了解一下"破窗理论"。

"如果一幢大楼有一扇窗户破了,那么就会在无形中传达出这幢大楼缺乏管理的讯号。首先会出现乱丢垃圾的情况,然后周边地区的环境和治安都会恶化,最终会出现严重的犯罪现象。"

这就是美国心理学家乔治·凯林提出的"破窗理论"。

前纽约市长鲁道夫·朱利安尼就利用这一理论,采取了彻底清除地铁涂鸦等一系列举措,使纽约市的犯罪数量大幅减少。

仅仅对市民宣传"让我们的城市漂亮起来"无法取得满意的结果,而清除涂鸦、修复被毁坏的公物、捡拾地上的垃圾等小行动的积累却可以带来"好的结果"。

由此可见,关键的不是意志。

1.3 行动科学管理术

当你无法实现自己的愿望时,可能会认为自己"意志薄弱""没有毅力""性格有问题"……请停止这种想法。

问题的关键在于,你要改变自己的"行动方式"。

我将"行动科学管理术"的方法介绍到日本的商界,帮助了众多企业培养人才,提高业绩。

"行动科学管理术"是美国研究者提出的理论,其原理来自"行动分析学"。行动分析学是美国心理学家伯尔赫斯·弗雷德里克·斯金纳提出的。简单说就是排除一切抽象的概念和无法测量的因素,只以"行动"作为一切判断的标准。

行动分析学虽然是心理学的一个分支,但只针对行动本身进行分析,并不对人类心理和大脑进行研究。因为在行动分析学中,意志和认知都是行动的一部分,通过其他的行动可以改变意志与认知。

第一章 你之所以难以改变的原因

早在1950年美国的研究者就已经对斯金纳提出的理论进行了应用性的研究。10年后，美国的政府和企业都接受了斯金纳的理论。

在此之前完全找不到解决办法的难题全都迎刃而解，美国的许多知名企业都采用了以行动分析学为基础的管理方法。将这一理论整理成一套体系，就构成了"行动科学管理术"。

我在管理自己企业的员工方面感到非常苦恼，因此我专门前往美国学习这一管理方法。当我认识到这一方法的优秀之处时，就下定决心要将这一方法带回日本。

在行动科学管理术的理论中，一切结果都是行动的积累。好的结果是好的行动不断重复带来的，而不断重复坏的行动只能带来坏的结果。

所以，我们应该关注的不是"性格"和"态度"，而是"行动"。

当你想要实现某种目标的时候，需要的不是"干劲"和"认真的态度"，而是切实的行动。

行动科学管理术将彻底分解行动法则，让每个人都能够轻松理解并完成目标。因为其具有不依赖意志和个人能力的特性，可推广度高，所以受到世人的关注。

1.4 人类的认知常常与事实不符

当我决定将"行动科学管理术"介绍到日本之后，就经常到美国对各行各业的商界人士进行访问，因此也获得了与美国的成功人士频繁交流的机会。

在我与美国成功人士近距离接触时发现，乐观的性格和积极的态度并不是他们成功的绝对条件。他们的共同点可以说非常简单，那就是他们能彻底戒除坏习惯，培养好习惯。而且，他们从不用意志来控制这些习惯。

这些人都非常优秀，同时深知仅凭自己的想法所能够改变的事情非常有限。也就是说，他们都知道"只改变想法是没有用的"。

你是否有过这样的经历，明明下定决心要坚持到底，结果却还是半途而废。这就是因为你只有想法而没有坚持行动。

实际上，你越是依赖想法，越会出现"认知偏差"。或许你以为你对自己有正确的认知，但实际上你的认知并没有那么可靠。

比如说一个打算戒烟的人一整天都没有吸烟，会认为自己的意志力很强，第二天他只吸了一根，却会立刻陷入"为什么我的意志力这么薄弱"的自责之中。

紧接着他会有许许多多的想法："就是因为这样，所以我在工作上才总是失败""周围的人一定认为我是一个没用的人而看不起我""像我这样的人戒烟根本不可能成功"……这种认知的偏差是人类特有的思维方式，其他动物并没有。当我们遇到某种情况时，在"认知偏差"的影响下，我们陷入与事实完全不符的思维误区之中。

但是，请冷静地想一想。事实是非常简单的："一整天没有吸烟。第二天只吸了一根。"仅此而已。

你应该做的就是正视现实，然后从哪怕极小的行动做起。行动是绝对不会骗人的。

1.5 "积极思考"没有太大效果的原因

　　那些有目标，想要改变自己的人，一定会提到"积极思考"的问题——"绝对不能陷入消极的态度中。从今往后不管面对什么情况都必须保持积极的思考……"

　　这句话光是听起来就充满了"消极的悲壮感"。

　　现在大家对积极思考的态度实际上也是两极分化的。曾经，很多人都提倡积极思考，现在人们却发现了所谓的"积极思考"中包含的负面因素。

　　人类并不是能够时刻保持积极态度的生物。谁都有软弱的一面。所以强迫自己"积极思考"会和自己的真实想法出现冲突，从而导致精神方面出现问题。

　　我们之所以想让自己"进行积极思考"，是因为觉察到自己陷入了消极的状态。而在这时最应该做的是让疲惫的身心得到放松和休息。

　　当感冒或身体不舒服的时候，没有人还会去进行冬泳锻炼吧，应该好好地睡上一觉才对。既然对待肉体能够做到这一点，为什么对待心灵却那样苛刻呢？

人们往往认为积极思考是正确的，消极思考是错误的，实际上并非如此。积极思考和消极思考实际上都是人类的自然本性。但是人们却总是喜欢勉强地给自己设定"不能消极思考，必须积极思考"的目标，一旦无法坚持下去，就会产生"自己不行"的想法。

积极思考之所以会导致失败，是因为"任何事都是积极状态更好"这一前提缺乏根据，另外目标本身太不现实，缺乏具体性，会影响后续的行动。

当然，我并不是要否定"积极的态度"。只是说，"积极的态度"所针对的事物必须明确，不能模糊不清。

"这个月如果能够每天背三个英语单词，那么从下个月开始就每天背四个。"给自己制定这样易行而具体的计划，然后采取行动，就能够实现目标。

1.6 通过行动来进行判断

"行动科学管理术"所针对的内容必须都有科学根据，而且必须能够用数值来进行衡量。也就是说结果和行动都是明确的可见的，而且是可衡量的。所以，意志、性格、态度等含糊不清的因素都被排除在外。

当我们说"那个人很努力"或者"那个人很值得尊敬"的时候，究竟是以什么为根据做出这种判断的呢？是性格吗？是态度吗？都不是，是我们能够看到的行动。

一个巧舌如簧的骗子，能够把自己没做过的事情说的跟真的一样，或许能欺骗不少人，但他早晚会露馅，因为没有行动就没有结果。

假设现在有一个工作需要用500块砖砌一面墙。顺利完成这项工作的人，会得到其他人的赞扬。但如果只砌了100块砖就半途而废，那么不管这个人怎么强调"我很有干劲"也不会得到他人的赞扬。

我们经常听到有人说"那个人说一套做一套",这种时候,人们更相信哪一个呢?不用说,人们肯定会相信行动。因为再也没有比亲眼看见的行动更值得信赖。

所以说,别人注意的是你的行动,而不是你的意志。

"态度积极而意志坚强的人"确实非常受人尊敬。但他们并非因为意志坚强而得到别人的尊敬,是因为别人看到了他们的行动,做出了"能够做到这样的事,他一定是个意志坚强的人"的判断。没有人能够不通过行动就判断别人的意志如何。

能够用500块砖砌成一面墙的人,并不是靠坚强的意志,而是靠重复的行动。砌墙这样的工作对任何人来说都是非常麻烦而且枯燥的。

让我们再确认一次:你应该向别人展示的不是你坚强的意志;同样的,你也没有必要对自己展示坚强的意志。你只要取得结果就够了。而要想取得结果,必不可少的是行动。

1.7 只有"前提条件"无法坚持下去

让我们以戒烟为例来进行讨论。想戒烟的人,都是不想吸烟却控制不了自己的人。于是他们会认为自己"因为意志薄弱所以总是吸烟",从而降低对自己的评价。

但是,吸烟者之所以吸烟,是因为他们知道"吸烟"能够带来"心情舒畅""精神放松"等让人舒适的感觉。如果他们一吸烟就会出现嗓子疼、难以呼吸、恶心呕吐等糟糕的感觉的话,他们自然就不会吸烟了。

那么,让我们问问戴眼镜的人吧。人们为什么戴眼镜呢?

大概绝大多数的人都会回答"因为我视力不好"。但这并不正确,正确的答案应该是"因为我戴眼镜之后看得更清楚了"。如果戴了眼镜也看不清楚的话,肯定会因为戴眼镜麻烦而将眼镜摘掉了吧。

"行动科学管理术"利用"ABC模型"的概念来解释人的行动与结果之间的关系。

第一章　你之所以难以改变的原因

A=Antecedent（前提条件）

B=Behavior（行动）

C=Consequence（结果）

前提条件指的是引发行动的环境。比如，会议结束了（所以你去休息一下）；视力变差（所以你戴眼镜）；上司对你说"提交企划报告"（所以你提交报告）；朋友对你说"请你吃点心"（所以你吃了点心）……这些都属于前提条件。

"在上司的要求下提交了报告""在朋友的邀请下吃了点心"则是一种行动。像这样促使人们采取行动的前提条件是必要的，但只有前提条件，无法使行动多次重复。

如果出现了提交报告却没有获得通过、点心很难吃等不好的"结果"，那么人们就不会愿意重复这样的行动。但是，如果出现提交报告后得到了赞扬，点心很好吃等结果，那么人们就会自发地重复这样的行动。就像斯金纳说的那样，行动是受其结果影响的。

1.8 人类很容易被眼前的利益所左右

让我们再进一步了解一下结果与行动之间的关系。

前文提到,"吸烟"这一行动会带来"心情舒畅""精神放松"等让人舒适的感觉。

但是,肯定也有人对此抱有疑问。"吸烟带来的不全是好的结果吧?"

比如,吸烟可能导致肺癌等严重的疾病,还会使牙齿变黄影响美观。很多人正是为了避免出现这些结果才想戒烟。

但是,这些不好的结果并不是立刻产生的。而且,也不是必然产生的。很多吸烟的人仍然活了很久。但是,"心情舒畅""精神放松"却是在吸烟后立刻得到的。

因此,与很久之后不确定的结果相比,能够立刻得到的结果对人类的行动会产生决定性的影响。

明知道吃蛋糕会增加体重却仍然打算吃蛋糕,也是因为同样的理由。增加体重是几天之后的事，甚至有可能所增加的体重并没有想象中那么多。与之相比，"美味的满足"却是立刻而且确实能够获得的结果。所以人们才会选择吃蛋糕。

吸烟也好，吃蛋糕也好，都是由人类的行为模式所决定的，与意志并没有太大的关系。

我们总以为自己的行动是由自己的意志决定的，但实际上并非如此。如果人类能够真正按照意志行动，那么谁都不会有烦恼了。

"我做事情总是半途而废""我无法控制自己的感情""我想要戒烟却戒不掉"……很多人都有这样的烦恼，这正说明我们无法完全按照意志采取行动。想让自己变成能够实现目标的人，依赖靠不住的意志很显然是行不通的。

1.9 我们无法理性地看待"自己"

很多人都以为他们很了解自己。"家人和恋人都不了解我,只有我自己最了解自己。"

但实际上真的是这样吗?

尽管我们自以为很了解自己,但实际上往往人类最不了解的就是自己。甚至可以说,周围的人往往比你更了解你自己。某大学的教授指出,这种情况在年轻人中尤为明显。

比如一个不善社交的大学生在面试的时候会强调自己"朋友很多,有领导能力",结果只会铩羽而归。实际上,他还不如好好地说明自己擅长的领域,或许还能得到认同。

面试官一开始以为,这个学生认为自己"假装有很多朋友会更有利于应聘",但后来发现,这个学生真的以为自己有很多朋友,因此感到非常惊讶。

事实上,这种情况不只限于年轻人。在公司或者组织中身居高位的人，往往对自己有脱离现实的评价。你身边一定也有这样的人吧，明明他是一个非常小气的人，但却经常说"我这个人非常大方"。

这是因为人类受"认知偏差"的影响，无法完全对自己有理性的认识。

或许你觉得某个人没有完全认清自己，实际上你也是一样的。

1.10 每个人都戴着名为"偏见"的有色眼镜

当我们面对某个事实时并不会马上接受它。每个人都会通过心理上的"偏见"对事实进行过滤后才开始接受它。

"偏见"在心理学上的英文是"bias"，本意是"裁成斜纹的布""布料上的斜线"，因为其将直线斜分，因此引申出"偏见"的含义。

比如有一个人在我们面前摔倒，就算这个人只是不小心摔倒，但看到这一情景的人却会根据偏见做出这样的判断：

"看他那个样子，一定是个醉汉吧？"

"看他这么瘦，大概是在想什么烦心事不小心摔倒的吧？"

"是不是谁从后面推他了？"

不管哪一种判断，都是偏见。都是有色眼镜看人所产生的结果。但是，我们却都没有觉察到自己戴着名为"偏见"的有色眼镜。

人类的思考从根本上就带有偏见，尤其是涉及"金钱"这个最应该理性对待的问题时，偏见会变得更加严重。

小区附近有AB两家便利店，都卖着同一种6元的方便面。

A店的方便面在价签上写着"原价8元，现价6元！"。

B店的方便面价签上直接写着"6元"。

哪家店卖的方便面给人一种更划算的感觉呢？恐怕绝大多数的人都认为"A店的方便面更划算"吧？这就是人的"认知偏差"。因为实际上，A店的方便面和B店的方便面不管在价格还是在产品本身都是一样的。

"行为经济学"对人类的这一心理进行了非常详细的解释。

2002年，美国心理学家、行为经济学家丹尼尔·卡内曼凭借其通过认知心理学在经济学上的新发现获得了诺贝尔经济学奖。

1.11 当人类失去理性的时候

行为经济学关注的是人类在经济活动中心理对行为的影响，是从心理层面对经济进行分析的学科。即通过发现人类内心的偏见，来解释经济现象。

让我们参考行为经济学的理论来分析下面几个问题，通过这几个问题可以看出你的思考究竟存在怎样的偏见。

问题一：今天给你 5 万元和明天给你 5.1 万元，你会选哪个？

问题二：一年后给你 5 万元和 1 年零 1 天后给你 5.1 万元，你会选哪个？

对于问题一，绝大多数人都会选择"今天获得 5 万元"；而对于问题二，则更多的人会选择"1 年零 1 天后获得 5.1 万元"。你的回答是什么呢？

你对这个结果有疑问吗？

实际上不管是问题一还是问题二，都是只要多等一天就会获得更大的利益。既然如此，为什么会出现"今天获得 5 万元"和"1 年零 1 天之后获得 5.1 万元"这两种不同的选择呢？既然只要多等一天就能够多得到 1000 元，那么不管是哪种情况，都应该选择"5.1 万元"才对呀。

事实上，面对明年的事，绝大多数人都能够保持理性的思考。但面对眼前的事情时，人类则会失去理性，绝大多数人都认为"应该尽早拿到钱"，从而对 1000 元的差值视而不见。

这就像因为忍耐不了 15 分钟而拿不到 2 颗棉花糖的 4 岁儿童一样。如果能够时刻保持冷静且进行合理的判断，就不会出现这样的情况了。

让我们来看下一个问题。

你用公司发的奖金买下了一直想要的价值 2500 元的手提包，但第二天你的姐姐送给你一个完全一样的手提包。她在别的店看到这个包大减价只要 1000 元，因为知道你一直想要所以特意买下来送给你。

你并不需要两个同样的手提包，于是决定将其中一个送给弟弟。那么你会送哪一个给弟弟呢？

1. 2500 元自己买的那个。

2. 姐姐花 1000 元买的那个。

3. 哪一个都无所谓。

　　不管是你自己买的还是姐姐买来送给你的，手提包本身是完全一样的，所以从理性的角度来说应该选择"哪一个都无所谓"这个答案。但肯定有很多人认为送给弟弟的应该是"姐姐花 1000 元买的那个"。

　　可能是因为自己花 2500 元买的手提包舍不得送人，也有可能是因为你不想再看到这个便宜了 1500 元的手提包。总之，我们都不愿意承认花 2500 元买这个手提包是一种失败的行为。

1.12 过于在意"损失"就会失去"可能性"

诺贝尔经济学奖得主，行为经济学家卡内曼教授曾经说过，"人类过于在意'损失'，可能会舍弃获取更大利益的机会而选择眼前的利益"。他还指出，"人类在获取利益的时候会规避风险，而在避免损失的时候却甘愿冒险"。这究竟是为什么呢？

假设你购买了股票，你的股票有涨有跌，当你考虑如何处理这些股票时，很容易做出符合上面描述的判断。

也就是说，你很容易采取"一直持有跌了的股票"和"立刻卖掉涨了的股票"的行为。

股票交易的基本原则是"止损要尽早，获利要慎重"。但不可思议的是，与尽早卖出下跌的股票，接受确定的损失相比，更多的人愿意卖出上涨的股票以获得现有的利益。

对于很多人来说，接受"确定的损失"是非常大的痛苦。

确实，下跌的股票只要不卖，损失就无法确定。5万元购买的股票就算下跌到3万元，但只要不卖就没有确定的损失。甚至有的人还会抱有"下跌的股票总会涨回去"的幻想。但就在幻想的时候，这个股票又继续下跌……

另一方面，获得确定的利益则是一件让人非常开心的事情。

5万元购买的股票涨到了5.2万元，还有继续上涨的可能。虽然不应该立刻卖掉，但还是有很多人会选择卖掉，并且会感觉自己"赚到了"。

正因为如此，绝大多数的散户在股市中都赚不到钱。但同时，绝大多数的散户开始炒股前都认为自己不会被套牢。

如果你身边有买股票的人，不妨仔细观察观察他们。他们的行为肯定和卡内曼教授所说的一模一样。

1.13 对失败的恐惧挥之不去

人类之所以不愿意接受确定的损失,是因为"不愿承认自己失败"。我们就是这样害怕失败。

为了证明这一点,让我们再来做一个测试。

某铁路公司投入了巨额资金,开展将铁道线路延长到相邻城镇的工程。但某一天,该公司忽然发现这条线路完工后根本无法收回成本。如果你是这家铁路公司的社长,你会做出什么样的指示呢?

1. 继续施工。
2. 停止施工。

作为一名读者,从客观的角度来看,你一定会选择"停止施工"吧。但是,如果你真的是这家公司的社长,那么你大概会选择"继续施工"。

如今，针对许多公共事业是否应该继续开展的讨论越来越多。对于国土面积有限的日本来说，修建太多的机场，很明显是亏本的。应该说，尽快做出停止施工的决定才能够将损失控制在最低范围。但是，即便知道继续下去毫无意义，很多工程还是因为之前投入的资金太多而"骑虎难下"。因为前期投入的金额会全部浪费，再加上不愿承认失败，很多亏本的事业都在继续进行。

在行为经济学中，将"已经支出且无法回收的费用"称为"沉没成本"。"沉没成本"不只出现在与公共事业相关的事例中，在一切境况中，它都会对我们的心理造成影响，妨碍我们最终做出判断。

比如你的朋友对你说："我有一个好项目，你给我5万元，到时候我还你6万元。"结果你相信了他并且给了他5万元。但这种事很明显是假的，到时候别说6万元，恐怕连5万元都拿不回来。

当你催促那个朋友快还钱的时候，对方这样说："项目还差1万元就能完成。所以你能再借我1万元吗？"

如果你继续借钱给他，那么损失就将增加到6万元，但很多人抱着取回那5万元（沉没成本）的想法，都会继续借出钱。

"沉没成本"的概念在时间方面同样适用。

第一章 你之所以难以改变的原因

假设你从20多岁的时候就以结婚为目的开始和男友交往,虽然后来你隐约觉得他是一个满嘴谎言的花花公子,但直到35岁时,你才认清他的真面目。你本应该尽快与他分手并开始新生活,却会因为"不想浪费之前交往的时间"而犹豫不决难以做出分手的决定。

人类的一切行动都是以"尽可能避免失败"为前提的。这种想法本身并没有错。毕竟带着"我不想失败"的意识采取行动,总比带着"反正我是一事无成的人,失败也无所谓"的自暴自弃的想法去行动要好得多。

但这说的是失败之前,面对已经出现的失败还是应该看清现实比较好。

不要执着于"我其实想这样",面对未来采取行动才能够取得好的结果。正所谓失败乃成功之母,将失败看作是一种宝贵的经验才是最合理的做法。

1.14 了解自己的"认知偏差"

人类其实并没有自己认为的那么理性。

"为什么我会做这样的事？""明明我想要更努力为什么却做不到呢？"当你被这些想法所困扰时，要知道这并不是因为你意志薄弱或者你性格有问题，这些与现实不符的认识被称为"认知偏差"。

那么，导致你产生"认知偏差"的原因是什么呢？原因其实是人类特有的一种思考方式——"自动化思考"。

"自动化思考"是人类在无意识状态中做出的思考。在我们的意识中，面对眼前发生的事情会不断地产生与事情毫无关系的思考。

据说每个人每天会出现700次自动思考。在这些思考之中有内容比较清晰的，也有意识模糊不清的，但基本上都是负面思考。也就是说，在你的大脑中每天会出现700条负面信息。

正是这种"自动化思考"使我们产生了"认知偏差",从而陷入错误的认知误区。

比如,你的邻居在街上与你擦肩而过但却没有打招呼。明明那个人只是没注意到你而已,但是你心里却会有"他是不是讨厌我啊?上个月我是不是得罪了他?"的想法……或者你在工作中只是出现了一点小问题,可你会想"哎呀,我又犯错误了。只有我才会出现这种低级失误"。理性地想一想,谁都可能出现这样的错误,但你却产生不理性的想法。

由"自动化思考"导致的"认知偏差"会经常让我们有"我被讨厌了""大家都嘲笑我""只有我运气不好""反正我不行""我肯定又会失败的"等念头。

这一切都并非事实,但你却坚信这些都是事实,结果就出现各种各样的问题。无法控制自己的感情对别人大发雷霆是因为我感觉"大家都嘲笑我",无法坚持戒烟和减肥是因为我感觉"反正我不行"。

1.15 人类没有自己想的那么"有个性"

综上所述，人类并没有自己认为的那样有个性，而是容易陷入相同的行为模式之中。

你可能因为许多理由想要"改变自己"，但却因为总是做不到而感到万分苦恼。实际上所有人都存在这个问题。

明知道不应该吃蛋糕但还是禁不住眼前的诱惑，明知道必须尽快把下跌的股票卖掉却迟迟无法出手，每个人都生活在这样的行为模式之中。

我们希望在日常的工作和学习之中，能够尽可能地依照理性客观的思考来采取行动。要想实现这一点，需要进行一些训练。

首先我们要正确认识眼前的情况，然后设定好必须要做的事情。接着我们要思考什么是应该最先做的，按照先后顺序采取行动。如果出现问题，应该思考原因，然后正确应对。

第一章　你之所以难以改变的原因

这才是正确的行动方式。

但实际情况又是如何呢？你能够时刻保持理性思考和理性的行动吗？能够肯定地回答"YES"的人应该很少吧。

绝大多数情况下，人类采取的行动都是非理性的。人类无法理性行动的原因大致可以分为两点。在这里，请回忆一下前文中提过的内容。

第一个原因是，影响人类行动的并非意志而是行为的结果。明知道吸烟有害健康但却难以戒烟，并不是因为意志薄弱，而是因为吸烟后能够立刻得到快感。

另一个原因在于，人类是有感情的生物，行动会受感情因素的影响——这就是"认知偏差"。当我们希望得到心仪异性的好感，合理的方法应该是尽可能用友好的态度与对方交往。甚至可以说这是唯一的方法。但绝大多数人却会故意惹对方生气，或者装作毫不在意对方。这是由害羞和"认知偏差"的自动思考导致的。

1.16 只有改变"行动"才能改变"人"

人类是行动和意志不协调的麻烦的生物，那么我们作为"无法完全理性行动的人类"，要想为实现目标而改变自己，应该怎么做呢？如果还像以前一样企图凭意志的力量来控制自己，只会不断地失败。现在我们已经知道人类具有容易出现"认知偏差"的特性，那么我们只要科学地采取行动就好了。这正是本书要介绍给大家的方法。

当你想要实现某种目标，或者想要变成理想中的自己时，都应该把焦点放在"行动"上。只有行动起来，才会发现自己好的地方和坏的地方，以及应该改善的地方。至于改善的方案是否有效，是需要通过行动来进行判断的。

因为成功的关键在于行动，所以"人类的意志和感情"是靠不住的。你越是想"我一定能行""我必须努力"，一旦事情不顺利，就越会觉得"我不行""我运气不好"，对自己的评价大幅下降。

第二章

戒除那些毁掉你人生的习惯

2.1 不要依赖"意志"的力量

想必大家现在已经明白,要想改变自己,仅凭意志的力量是远远不够的。意志是非常靠不住的东西,关键还是要靠行动。

"行动科学管理术"充分重视结果的力量,让我们学会采取相应的行动。只要不断积累小而具体的行动,不管是多么远大的目标都一定能够实现。行动科学管理术,就是帮助你实现行动积累的方法。

本书还有另外一个作用,那就是将你从"认知偏差"之中拯救出来。也就是说,通过行动使你彻底摆脱无法正确控制自己的状态。

但是,不管我如何强调"要想取得好的结果并不需要意志",对一个存在严重"认知偏差"的人来说都是没用的。一个被"认知偏差"的臆想所束缚的人,在采取明确的行动之前,很容易产生许多乱七八糟的想法。然后他就会因为这些想法降低对自己的评价。绝大多数人都能够隐约察觉到自己的弱点和意识到有哪些阻碍自己行动的思维习惯。如果可能的话，我们都想改变这些不好的思维习惯。但是我们却总是很难跳脱。之所以会出现这种状况，是因为我们想用意志来改变思考。这显然是没有用的，只能加重我们的"认知偏差"。

要想摆脱这种状况，行动是最有效的。

为了纠正"认知偏差"，我们需要用到"正念（mindfulness）"的方法。关于"正念"，我将在第三章中为大家做详细的介绍，简单来说，"正念"就是将注意力全部集中在此刻，不被过去和未来所影响，只专注于眼前事物。

要想让自己进入"正念"的状态，做一些可以恢复身体感觉的事情是最好的办法。当你陷入与事实不符的"认知偏差"中时，身体上的刺激可以将你拉回"现实"。人的心灵和身体是息息相关的，通过身体的行动可以大幅度减轻心理上的不安。

在这一章中我将列举一些想要对自己进行管理，但却因为迷失了自我而无法实现目标的例子。同时，为了解决这一问题，我还会为大家介绍恢复身体感觉的方法。事例后所列举出的对策，读者可以任意选用。另外，这些用来恢复身体感觉的行动并不都是非做不可的。只要选择适合自己而且自己感觉有兴趣的来做即可。只要你能够坚持一段时间，就可以摆脱负面思考和"认知偏差"，正确地对待现实。

2.2 事例1：被冲动的感情所控制

在一家保险公司担任中层管理职务的A先生今年42岁。近几个月来，A先生所属的业务部门销售业绩不怎么好。于是有一天傍晚，A先生将跑了一天业务的部下们全都召集到会议室，然后将准备好的资料和表格给他们看。

"关于目前的状况，你们怎么看？"A先生的本意是对部下说明现在业绩不佳的状况，从而激励部下提高士气。因为他平时就经常把大家召集到一起进行指导，所以想当然地认为当大家看到摆在眼前的问题时一定会更加努力工作。

但是，不管他怎么强调"危机意识"，部下们的反应却都很平淡。A先生让部下们挨个陈述打破僵局的对策，但部下们提出的提议都没有什么太大的效果。不仅如此，A先生还感觉部下们完全没有认识到当前的严峻状况。

越来越焦急的A先生终于将手里的资料重重地摔在桌

第二章 戒除那些毁掉你人生的习惯

子上。"总之,你们必须在今天想出能够立刻执行的对策。没有我的允许,谁也不许下班。"他大声地怒吼,然后摔门而去,只剩下一屋子部下带着困惑的表情面面相觑。

第二天傍晚,全员又都留下来开会。

A先生的愤怒同样达到了顶点。今天A先生要比往常更早到公司,因为他必须准备与客户交涉的资料,毕竟他不放心把这么重要的事情交给那些毫无干劲的部下。可是,偏偏这一天他的妻子没有准备早饭就出去遛狗了,而且很晚才回来。

"你在干什么?难道狗比我的早饭更重要吗?"

"哎呀,你又没和我说要先准备早饭,我怎么知道嘛。你今天要提早出门吗?"

"行了,我走了!"

A先生一大清早心情就非常不好。

到公司整理完资料之后,与客户见面的时间也快到了,于是他急忙打了辆出租车并且告诉司机开快点。司机立刻发动了汽车,但是忘了和他确认应该走哪条路。

"喂,你打算怎么走啊,怎么没问我一声?"因为情绪激动,A先生大声地对司机怒吼。司机吓了一跳并立刻道歉,但A先生的怒火并没有平息下去。他看了一眼司机的名牌,然后愤怒地说道:"我在这下车。我记住你的名字了。真是不尽职。"

由于时间紧迫，A 先生不得不再打一辆出租车。就在他寻找空车的时候，忽然回过神来。"我这是怎么了？从昨天开始就一直大发雷霆……" A 先生感觉非常懊悔。他非常不喜欢昨天的自己和今天的自己。他也知道部门的销售业绩不佳是自己的能力不足所导致的，可是他却不知道现在应该怎么办才好。

为什么会变成这样？

每个人都有自己心目中的理想状态。谁也不愿意让别人看到自己气急败坏的样子，而更希望在他人面前展现自己成熟稳重的形象。

所以，当一个人情绪激动的时候，也会对自己的愤怒感到不满，从而更加无法控制自己的感情。但他们其实在想："快来一个人熄灭我的怒火吧！"

也就是说，一个陷入冲动状态的人，其实是他的心擅自离开了原本的地方而四处横冲直撞。这就导致他脱离了现实。

对于那些很容易冲动的人，应该先忍耐 30 秒。当你想要怒吼着爆发之前，只要忍耐短短 30 秒，那么事情将会变得完全不同。A 先生就是因为没有等待 30 秒就让感情肆意宣泄出来了。

如果一个人连 30 秒都无法忍耐，那是因为他还没有习惯这种行为方式。

接下来我为大家介绍两个帮助控制情绪的简单对策。当你感觉不安或者嫉妒时都可以使用这种方法。

对策一：紧紧握住右手

当你感到焦躁不安的时候，可以紧紧地握住右手。只需要这样一个动作就能奏效。

这就像暗示自己"不要冲动，保持冷静"一样。

当你被突然袭来的负面情绪所笼罩时，这样做可以使你不至于情绪失控，重新回到现实中来。

如果习惯握左手也可以。

对策二：数呼吸

在椅子上找一个舒服的姿势坐下，让身体彻底放松，缓缓地进行腹式呼吸。每次呼吸都数数，一直数到 10。

这是非常简单的动作，所以在做的过程中头脑里可能会浮现出杂念，但不必担心受杂念影响而数错，如果真的忘记了数到几，请从头再来一遍。

数自己呼吸的次数，就算浮现出杂念也不必在意。通过重复这种简单的行动就可以使你的身心恢复平静,让你的注意力再次回到现实。

之所以推荐腹式呼吸而不是胸式呼吸,是因为腹式呼吸能调动副交感神经,产生放松的效果。

2.3 事例2：逃避困难

如愿进入某大型旅行社的Y小姐今年24岁。因为是经过层层选拔，在激烈的面试后才进入这家公司的，所以入职时她感到非常开心。得知这一消息的亲戚、朋友，甚至大学的教授每次见到她时都会称赞她"真了不起""干得好"，她感觉自己今后的人生会一片光明。

但入职后不久，她那种天真的想法就被吹到了九霄云外。

她所在的部门每个人似乎都非常忙，所以就算她有不明白的地方也不好意思询问别人。不仅如此，她还感觉自己身边都是精英，只有自己一个人是懵懵懂懂的。

"我会不会拖大家的后腿啊？"Y小姐的情绪很低落。"公司明明在那么多的应聘者中选择了我，为什么不对我进行一些工作上的指导呢？难道认为我是一个派不上用场的人吗？"尽管在安排工作之前公司对新员工都有培训，而且每个人都配发了工作手册，但与客户打交道时遇到的情况往往是复杂多变的。得不到其他同事帮助的Y小姐，每天在工作中都会出些小差错。因此她也经常被同一部门的前辈和直属上司提醒，导致心情变得更加低落。

"现在不是气馁的时候。我必须更加努力才行。"尽管Y小姐非常努力，但工作却不像她想象的那样顺利。有一天，她接到愤怒的顾客打来的投诉电话。

"你不是说确认之后会再联系我的吗？怎么到现在连个电话都没打。一般情况下不是应该当天就给我回复的吗？现在都过去3天了！"Y小姐听着电话那头客户的怒吼，感觉后背一个劲儿地冒冷汗。她仔细回忆了一下，当时这位客户的要求她自己没办法做决定，所以想和上司或前辈确认之后再给对方答复。但是，当她想要找别人询问一下的时候却发现大家都很忙，当时又来了其他的工作，结果她就把这件事忘得一干二净了。

"身陷绝境"的Y小姐仅凭自己的能力无法解决这件事，于是只好战战兢兢地向上司报告。惊讶的上司立刻给客户打了电话，向客户道歉，而且按照顾客的要求做了安排。

不出所料，Y小姐遭到了上司的猛烈批评。和之前她犯小错误时完全不同，这次上司的措辞非常严厉。因为犯下了绝对不能出现的错误，遭到批评也是理所当然的。Y

第二章　戒除那些毁掉你人生的习惯

小姐知道一切都是自己的错,所以她这次的心情比以往任何一次都更加低落。

本来 Y 小姐就是一个容易意志消沉的人,特别是在人际关系上,她很容易受到其他人的影响。在学生时代,她就经常因为别人无意的态度受到伤害。所以,当她如愿进入这家公司之后,还暗自希望这将是改变的契机。可是入职以来,她却每天都在消沉和低落的情绪中度过。

"大家都干得那么好,只有我什么都不行。和我一同入职的同事都比我进步得快。这里已经没有我的位置了。对于公司来说我只是一个负担。" Y 小姐不断地重复着这些话,完全沉浸在负面情绪的恶性循环之中。她完全无法恢复自己的情绪,最后甚至连公司都不想去了。

为什么会变成这样?

在面对现实时选择逃避的人,很难发现将来可能获得的利益。

逃避一时的困难,将来只会给自己带来更大的麻烦。虽然道理很简单,但是很多人却仍然选择眼前的安逸。就好像很多人明明有重要的工作要做,但却把时间都浪费在浏览网页上一样。

Y 小姐面对的问题,只要通过平时的一些小习惯就可以轻松解决。单纯加强与上司之间的交流是远远不够的。除此之外，还必须停止多余的负面思考。

接下来为大家介绍的对策，实际上也是许多运动员常用的，非常适合被负面思维所困扰的人。

对策一：弹手腕上的皮筋

这是高尔夫选手经常使用的减压方法。在挥杆之前如果产生"自己可能打不进"的不安情绪，很有可能影响发挥，导致失败。这种状态被称为"易普症（yips）"，指的是因精神上的问题影响到正常发挥的情况。

为了避免出现"易普症"，很多高尔夫选手会在手腕上套一根皮筋，一旦头脑中出现负面情绪，就用手指抓起皮筋弹一下，让思考回到"现实"和"现在"。除了高尔夫选手之外，其他体育项目的运动员也都会采用这一减压的方法。

对策二：转移皮筋或者夹子

这也是运动员常用的减压方法。

当头脑中出现负面情绪的时候，将套在右手腕上的皮筋换到左手腕。如果嫌换皮筋太麻烦，也可以将小夹子从右边口袋换到左边口袋。

一天下来（其他时间也行），数一数左手腕上的皮筋或者左边口袋里的小夹子。这种方法的关键在于意识到"我竟然产生了这么多负面思维"。

当你意识到这一点之后，就可以抛弃那些毫无意义的负面思维了。

2.4 事例3：随波逐流

"今天我要早点回家和家人一起吃饭。马上就要到圣诞节了，下班时顺路买个蛋糕回去吧。"不用加班的星期三，T先生的心情非常舒畅。最近又是见客户又是年会，搭末班车到家时都已经是深夜了。他很想和孩子们好好地聊一聊，更重要的是让疲惫的自己休息一下。

跟妻子说好自己马上到家之后，T先生向车站走去，却在验票口遇到了同事K先生。T先生有一种不好的预感。K先生非常喜欢喝酒，几乎每晚都会找人陪他一起去喝酒。

"我一定要拒绝他的邀请。找个什么理由好呢？"

就在T先生思考的时候，K先生已经走了过来。

"哟，陪我去喝一杯吧。今天没有加班对吧？"

T先生条件反射般地答道："嗯，去喝一点吧。"

结果，T先生又喝到只能搭末班车回家。尽管妻子原谅了他，但T先生自己却感觉非常懊恼："为什么我不会拒绝别人呢？为什么我总是随波逐流呢？"

有一天，T先生从后辈那里听到了一个令他感到非常震惊的消息。"T先生，你一定很喜欢喝酒吧？不管多么疲惫，你都不会拒绝和别人一起去喝酒，所以大家都愿意找你一起去喝酒啊。"

这个后辈成功考取了T先生一直想要考的职业资格证书。T先生虽然也想准备考试，却因为总是要应酬而没有复习的时间。但这一切不都是自己导致的吗？

25岁的S小姐，非常讨厌自己不会对母亲说"NO"。

S小姐作为独生女，从小就很受双亲宠爱。特别是母亲，不管干什么都要和她一起，她长大之后周围的人经常说："你们的关系真好，就像姐妹一样呢！"

但是对于S小姐来说，妈妈和她可不是"姐妹"，她甚至觉得两人之间的关系都不算是"母女"。妈妈对她来说，更像是一个"统治者"。

"那件衣服和你不搭，穿妈妈给你选的这件。"

"我有两张歌剧的门票，位置不错。星期天陪我一起去。"

"有一家新开业的餐厅，看起来不错。我们什么时候一起去？"

不管干什么，母亲都要和S小姐一起。母亲觉得这是理所当然的。而且，一切决定都是母亲替她做的。

回忆起来，其实从小学开始，母亲就经常对她说"和那个孩子做朋友""不要玩那种游戏"，不断地干涉她的爱好和朋友关系。

找工作的时候也一样。本来她想做和金融相关的工作，但是母亲却以"经常调动工作绝对不行""你根本做不来这种工作"为由，替她安排了在法律事务所的工作。

照这样下去，恐怕连找对象都要由母亲来替她做决定了。

去年，S小姐大学时代的朋友对她说的话让她受到了不小的打击："S，你最好和你母亲保持一点距离。每次我们去你家玩的时候都感觉有点紧张。好像所做的每一件事都要被你的母亲评审一样。我是女孩还好，如果是男孩的话肯定会对你敬而远之的。"

难道说自己25岁还没有交到男朋友，竟然是因为母亲吗？在周围的人看来，自己是不是显得有些幼稚呢？之前曾经有不少男性对S小姐表示好感。因为对方也是自己比较喜欢的类型，于是S小姐就将这件事告诉母亲了。但每次母亲都会指出对方的缺点，很干脆地否定他们的交往。

母亲非常了解自己，而且说的也很有道理，所以S小姐每次都听母亲的，但实际上真是这样吗？……或许母亲觉察到了她的变化，S小姐感觉最近母亲对她的控制越来越强了。甚至母亲还擅自替她在婚介所登了记。

产生危机感的S小姐打算和母亲当面谈一谈，但是她却感觉自己在母亲面前什么也说不出来。

自己对母亲究竟是喜欢还是讨厌呢？自己能够决定自己的人生吗？S小姐对这些问题简直毫无头绪。

为什么会变成这样？

本来日本民族就不擅长表达自己的情感。但是，上述事例中出现的两个人，问题更加突出。

明明"不喜欢"却还是选择随波逐流，这究竟是为什么呢？恐怕，这其中存在着非常严重的"认知偏差"。

这些人都被"如果拒绝别人的话会被别人讨厌""如果不听话后果会很严重"等与事实不符的想法所束缚。

但实际上，别人对你的关心并没有你想象的那么多。对于S来说，正因为她多年来对母亲言听计从，所以才将母亲变成了自己的"统治者"。

对策一：站在第三者的立场上思考

要想改变总是随波逐流的状态，关键在于站在第三者的立场上客观地思考。

想象一下你信赖或者尊敬的人遇到这种情况会怎么办，你自然就会得到答案："他肯定会毫不犹豫地拒绝别人吧。这完全没有任何问题。"

正所谓当局者迷，旁观者清，这种客观的立场在帮助你看清问题的本质时非常有效。

对策二：听喜欢的音乐

要想抛弃多余的思考，听音乐也是非常有效的方法。放松身心，可以使你对发生的事做出冷静的判断。另外，这也是能够让你回到现实世界的方法。

试着让自己的身心沉浸在美妙的音乐之中。不要一边做事一边听，而是完全集中精神去听。或许在听音乐的过程中你的脑海里还会浮现出各种各样的思考，不去在意就好。

在感到紧张的时候听舒缓的曲子，认为自己缺乏干劲有些过于放松的时候就听一些节奏感强能够鼓舞自己的曲子。

我们可以充分利用音乐的力量来积极地调整自己的心态。

2.5 事例4：吸烟、暴饮暴食、酗酒

F先生上学时就学会了吸烟并且养成了吸烟的习惯，他已经有20年的"烟龄"了。某一天，他和许久没见的好友一起喝酒，朋友问他："你现在还吸烟吗？最好戒掉，对身体不好。"

这位朋友曾经吸烟比F先生还凶，然而在三年前就彻底戒烟了。据说因为他在电视上看到有关慢性阻塞性肺病的报道，感到非常可怕，所以决定戒烟了。

慢性阻塞性肺病最近被越来越多的人所熟知。这种病又叫"吸烟病"，是多发于吸烟人群之中的慢性呼吸系统疾病。致病的主要原因就是吸烟，病情发展到一定程度，患者只要稍微活动一下就会感到呼吸急促，以至于连日常生活都受到影响。当病情恶化时会引起呼吸困难和心功能不全，甚至导致死亡。

听说这件事，F先生也感到有些害怕。F先生的两个

孩子，一个在念中学一个在念小学。如果他这个"家里的顶梁柱"倒下的话可不得了。想到这里，F先生下决心戒烟。

第二天，F先生的心情非常烦躁。顾客的投诉、部下的工作失误、上司安排的棘手难题、妻子与他的争吵……烦心的事情一件接着一件。以前，每当F先生心情不好的时候都会吸烟。但他现在却打算戒烟了。

"唉，真想吸烟啊。这种时候要是能吸上一根烟肯定会很舒服吧。"虽然心里这样想，但F先生还是咬牙忍住了。后来有一天，由于下属的低级失误，F先生有一个距成功仅一步之遥的项目功亏一篑了，他终于忍不住在自动贩卖机上按下了购买香烟的按钮。久违的香气让他感到心情非常舒畅，但接下来的一瞬间，F先生却感到十分后悔。

"我的意志怎么就那么不坚定呢？连戒烟这点小事都做不到，我是不是有什么心理缺陷啊？"F先生陷入了深深的自责之中。

30岁的H小姐因为自己无法改掉暴饮暴食的坏习惯而苦恼。公司的工作虽然一开始感觉挺烦琐，但现在习惯了基础的流程之后，她从没犯过什么太大的错误。

H小姐就是这样一个没有兴趣、没有社交、没有男友，在公司和家两点一线间往返生活的人。因为她和家人一起

第二章 戒除那些毁掉你人生的习惯

生活,所以连家务都不用自己做。

尽管她有时候也会想自己都30岁了还不自立,但生活在这么安逸的环境中,想要改变相当困难。所以,她日复一日地重复着同样的生活。

H小姐的爱好是晚饭后在自己的房间一边吃零食一边看电影。最近,下班后顺路在便利店买零食带回家已经成为她的习惯。便利店里有很多小包装的零食。她在家里囤积了许多小包装的饼干、薯条、巧克力等,每天吃一袋。

但是,有一天,她在吃完一袋之后却停不下来。因为她得知公司有人事调动,自己的上司要换人,所以她感到有些不安。于是她一边看电影一边连续吃了好几袋零食。

"哎呀,吃太多了。算了,就今天一天而已。"H小姐并没有太在意。

但是,自从那天起,H小姐在便利店购买的零食数量就开始逐渐增加。过了一个月左右,H小姐的妈妈对她说:"我帮你打扫房间的时候发现你房间里有好多零食。难怪最近感觉你变胖了。这对身体可不好啊。"H小姐顿时感到非常生气。零食都是自己工作赚钱买的,除此之外自己从来不乱花钱,这又有什么错呢?

不过同时她也意识到,最近裙子的腰围都变得很紧。公司里的同事看自己的眼神也和以前有些不一样。但是,

59

不管怎样，今天她肯定还是会和往常一样买零食回家吃的。

为什么会变成这样？

　　酗酒、赌博、玩游戏……人类会沉迷于许多东西。就像"工作狂"这个词所表现的一样，人类是连工作都有可能沉迷的呀。

　　比如赌博这件事，从概率论的角度来说，最明智的选择是一开始就不要参与。但即便如此，仍然有很多人幻想着"我能赢"而沉迷于其中。

　　不要以为这些情况与你无关。每个人的忍耐都是有限的，为了做好一件事而依赖于另外一件事的情况会使问题变得更加复杂。越是努力的人，越容易产生依赖于某种事物的想法。

　　例如沉迷于游戏的人，常常会给人一种"不擅社交"的印象。但近年来名牌大学毕业后进入著名企业并在工作中表现优秀的人中，沉迷于网络游戏的情况也非常常见。

对策一：改变环境

　　要想戒烟的话，就把家里的打火机和烟灰缸全扔掉。要想减肥的话，就不要从蛋糕店门前经过。不想赌博的话，就换个电话号码，与那些赌友们彻底断绝联系。要想戒掉游戏，就把游戏机都送给朋友。

如果你身边还有诱惑你的东西，那你肯定会忍不住去碰的。所以我们不能单靠意志来控制自己，而应该创造一个完全不同的环境，让自己就算想依赖那些东西也找不到它们。

对策二：选择耐力运动

重复同一种动作的长时间运动被称为"耐力运动"。

篮球和棒球等团体竞技项目，不但要与队友进行配合，还要根据场上局势的变化随时做出反应。而慢跑、游泳、自行车、竞走等耐力运动，只需要个人重复简单的动作，所以更容易进入"空无"的状态。选择一种耐力运动尝试一下吧。

放空自己，重复同一种动作，可以产生与冥想相似的效果，能够帮你调整心态。这样一来你自然会戒掉对其他事物的依赖。

2.6 事例5：改不了迟到的毛病

大学三年级的I同学，对自己改不掉"拖拖拉拉"的习惯感到非常懊恼。

I同学总是无法遵守时间。特别是每天上午的第一节课，她从来没有准时过。到了第二学期，上午的第一节课换成了一位非常严厉的教授，她甚至开始担心总是迟到会不会被留级。

不过，I同学每次迟到的时间都不长。一般都在5分钟到10分钟左右。"I同学，你提前5分钟出门不就行了吗？为什么总是要迟到呢？"同班同学已经不知道提醒了她多少次了，但每次I的回答都是一样的："我也知道啊。可是虽然这样想，但每次出门的时候都已经晚了。"每次她都是到快出门的时候才想起来东西忘带了，要不然就是对发型和化妆效果不满意，甚至有时候还会将已经穿好的衣服全都换掉。不过因为她非常可爱，所以身边的朋友也都迁就

第二章　戒除那些毁掉你人生的习惯

并原谅了她。

在大学即将毕业大家都正式开始找工作的时候，I 同学终于开始认真地反省自己迟到的坏习惯。I 同学有一个非常中意的目标公司，在职业规划课上老师对同学说，有两位已经毕业的同学在那家公司就职。于是 I 立刻向老师要了那两位同学的联系方式，并且和对方约好了见面的时间。

首先约见的是一位学姐。I 比约定的时间晚到了 10 分钟。看到 I 焦急的模样，虽然学姐笑了笑说"没关系"，但 I 感觉对方后来的态度很冷淡，对自己所提问题的回答也非常敷衍。当交谈结束之后，学姐对 I 说："走上社会之后，迟到可是非常大的缺点，很容易被人扣分的。"I 深深地鞠了一躬："真是非常抱歉。"

在回家的路上，I 感觉自己几乎要哭出来了。她知道自己做得不对，并且下定决心以后绝对不再迟到。

但是第二天，到了和学长约定的时间，I 同学出门又晚了。这次她一边拼命地奔跑，一边在心中深深地自责。当她迟到 5 分钟赶到约定的咖啡馆对学长道歉的时候，学长回答她："你上次和我们公司的 X 小姐见面时也迟到了吧？你究竟在想些什么啊？我工作这么忙，特意抽出时间来和你见面。结果你却比我更晚到。你这样的话要想进我们公

从行动开始

司恐怕很难。甚至可以说任何工作你都做不好。"I同学的心情一下子跌落到了谷底。

学长虽然一开始很严厉，但随后却给了她很多中肯的建议。但是，一开始就受到打击的I同学感到非常沮丧，根本无法冷静地听学长的话。

这次在回家的路上，I同学真的非常难受。为什么自己的时间观念如此淡薄？明明下定决心不再迟到，结果还是做不到……I同学非常讨厌这样的自己。

为什么会变成这样？

如果没有意识到自己的散漫，那么就算行为散漫也不会为此感到烦恼，可是一旦意识到了自己散漫的问题，就会变得非常自责。"散漫"这个词的威力很强，发现自己是一个散漫的人，对一个人的打击是非常大的。

"不懂得收拾"的人也经常自责。"收拾房间"是连小孩子都能做好的事，为什么自己连这么简单的事情都做不到呢？

但是，这种自责的想法对改变事态没有任何帮助。让我们忘掉意志的问题，从行动开始吧。

对策一：最初可以借助他人的力量

要想取得好的结果，可以在一开始借助他人的力量。

不守时的人，如果按照自己的标准来行动肯定会不断地迟到。可以找一个人和你一起行动，以此来修正你对时间的标准。如果你觉得自己只要提前 30 分钟就行，但那个人却提前了 40 分钟出发，那么你下次也应该以此为基准。

不懂得收拾房间的人，可以找好朋友或者家政服务的人来帮忙一起收拾。当你的房间变整洁之后，你就会积极地收拾房间以保持整洁。

对策二：用提示来恢复意识

使用智能手机的人可以安装有提醒功能的应用程序，对必须要做的事和想要做的事进行管理。比如"准备会议资料""去健身房""转账汇款"等等，只要输入日期和时间，到时候手机就会发出声音进行提示。这些应用程序绝大部分都是免费的。

除了设定提醒之外，还可以设定一天之内定时响起提示音，通过提示音来将你的意识拉回现实。

"我现在是否专注于现实？""我现在做的是真正应该做的事情吗？"，这些提示音可以使你意识到这些问题。

第三章

小心你"深信不疑"的陷阱

3.1 因为"自动思考"而在重大问题上做出错误的选择

有一位在大企业工作的 D 先生，30 多岁时终于得到了一次工作调动的机会，却最终没有调入自己觉得理想的部门。

他刚一进公司就有极强的能力，深受上层领导的赏识，所以很多领导都邀请他到自己的部门就职。但是，他最想去的北美部的部长却没有表示什么。就算两人一起搭电梯或者一起吃午饭，部长也没有对他说过工作调动的事。

于是，他在脑中自作主张地想道："北美部的部长是不是讨厌我啊？他对我的态度和其他部长对我的态度截然不同。说起来，和我一同入职的上村也想去北美部，一定是他背着我偷偷地跟人事打招呼了。"

当他做出这个判断之后便接受了经常和他打招呼的东亚地区部长的邀请，前往东亚部就职了。

那么，北美部部长真的讨厌他吗？其实并不是。北美部部长平时就是一个沉默寡言的人，而且他几乎从来不会主动地和年轻部下打招呼。也正因为如此，他对待部下从来都是公平的，对任何人都不会特殊对待。北美部长其实也非常清楚 D 先生很优秀，所以当得知 D 先生选择了东亚部时他感到非常失望。

D 先生的这一错误选择，显然是"认知偏差"导致的。他把与事实完全不相符的猜测，当成了事实并且深信不疑。这就是我们会在重大问题上做出错误选择的原因。

让我们再来看一个因为"认知偏差"而导致做出错误选择的例子。

现在不管是工作还是私人生活，大家都喜欢用电子邮件来进行联络。用邮件联系不像电话那样占用时间，还可以随时查看，确实非常方便。

但另一方面，电子邮件也是造成严重"认知偏差"的原因之一。和能够直接与对方交流的电话不同，发邮件很容易引起误会。

一个 20 多岁的女孩，在向恋人发送邮件之后并没有立即得到对方的回复，结果她的"认知偏差"就一发而不可收拾了。

第三章 小心你"深信不疑"的陷阱

当时她的恋人正在外地出差,手机放在宾馆里充电,然后与上司一起出去吃饭了,可是她却想:"发了这么多封邮件竟然一个都没有看到吗?""太奇怪了,和平时不一样。""是我什么地方惹他生气了吗?""不对,或许他一开始说出差就是在骗我吧?""这么说来,之前也有过这样的事。""没错,他又骗了我。"

从客观的角度来看,这种结论是非常荒谬的,然而她本人却对此深信不疑。那天她的恋人因为喝多了,回到宾馆倒头就睡没有和她联络,这给了她非常充分的让"妄想"膨胀的时间。

"我们已经无法再继续交往下去了,分手吧。"第二天一早,她的恋人接到这样一通分手电话,顿时目瞪口呆。她的恋人急忙向她解释,但她态度十分坚决,最终两人不欢而散。实际上两个人之间并没有出现任何问题,是她的"认知偏差"导致了恋情的结束。

3.2 了解"语言"的力量

不安、猜疑等负面情绪,都是由我们大脑中的自动化思考所引发的,是非理性思维的不断强化。这时候我们往往会失去冷静的判断力,在面对重要的问题时做出错误的选择。

我们之所以这么容易出现"认知偏差"的原因之一,是对语言过于敏感。正如自动化思考会在无意识中对我们的思考造成极大影响一样,"语言"能够引起更强的反应。

有一位 30 多岁的女性,与她从学生时代就开始交往的好友下班后一起去吃饭。一开始两人只是闲聊,后来开始抱怨各自公司的麻烦事。因为都喝醉了的缘故,两人将心中积压的不满全都倾诉了出来。朋友抱怨的都是工作的内容,比如工作任务太繁重,客户要求太多太难缠,总要准备企划方案压力太大……而她抱怨的则是公司里的后辈:"一个比我小两岁的后辈,虽然长得不错但总是打扮得花枝招展。还向部长抛媚眼,部长也是……"

这时,她的朋友忽然插了一句:"嗯?是吗?"她的脑中忽然"啪"地响了一下。或许这就是打开"认知偏差"开关的声音吧。她感觉朋友这句"嗯?是吗?"好像带有一丝嘲笑的语气。当然,我们并不知道她的朋友是不是真的有这个意思。恐怕她的朋友完全没有这个意思,但她却产生了这种感觉。

"她是不是觉得我说的内容太无聊啊?""她工作能力很强,我跟她没法比!""说起来,每次和她见面都是这样。""从上学时候起,她就有点看不起我……"一旦头脑中开始这样想,就根本停不下来,最终她找了个借口草草地结束了和朋友的饭局。从那以后,两人便不再联系了。

我们对于无法理解的语言不会产生任何多余的想法。比如,你听不懂俄语和阿拉伯语,那么就算有人站在你面前用俄语和阿拉伯语骂你,你也不会有任何感觉。但是,如果有人用你的母语和你说话,你肯定会对说话的内容进行阐释,即便说话的那个人或许并没有其他的意思。"哎,复印纸没有了?"前辈只是说了这样一句话,新员工就以为这是对自己准备不当的责备。其实前辈只是陈述事实而已,并没有责备任何人的意思。"你最近脸色不怎么好啊?"

朋友明明只是随便说了这么一句，有的人就认为自己得了什么严重的疾病。一句话说出去之后，往往会产生说话的人意料之外的效果。

当你在人际交往中受到刺激时，请冷静地回想一下当时的状况，然后试着分析当时对话的内容。如果你能够将那些对话都写在纸上冷静地阅读一下，就会发现其实"并没有什么大不了的"。自动化思考造成的妄想，经常会引发更大的问题。

3.3 沉浸于过去的人永远无法解决问题

有的人总是喜欢回忆过去的痛苦经历。

或许困扰于记忆的人会愤怒地说"我也不想这样",但在周围的人看来,他确实沉迷其中。

"那件事我感觉真是太后悔了""那家伙对我说的那句话我这一辈子都忘不了,每次想起来都感觉不爽"……明明只要忘记就好,却偏偏要让自己回忆。就像滚雪球一样,只会越来越痛苦。这种让不幸发酵的行为,是非常愚蠢的。这种行为不但会彻底毁掉你的人生,还会让你身边的人都感到非常不愉快。

谁也无法回到过去,所以也无法消除那些不愉快的往事。但是,已经过去的事根本没有消除的必要,因为过去已经不存在了。

不管是多么不愉快的事,它们都只存在于我们的记忆之中,而并非存在于现实之中。所以,沉浸于过去的人相当于被不存在的东西束缚住了。

假设你在上班路上被一个不认识的人撞了，对方还恶狠狠地瞪了你一眼。你从早晨开始就非常不愉快，而且在这一天中每次回忆起这件事，都会感觉不高兴。但是，这已经是过去的事了。"被撞了一下，还被瞪了一眼"是过去存在的事实，而不是现在存在的事实。现在的你既没有被撞，也没有被恶狠狠地瞪视。

只要将注意力集中在"现在"的"现实"之上，就可以解决绝大多数的问题。甚至可以说，没有什么问题是这种方法不能解决的。反之，总是沉浸在过去之中的人，会经常出现许多问题。而且因为谁也无法回到过去，所以那些问题永远也无法得到解决。

3.4 "自己真的什么事情都做不好吗？"

不同的人对事物的认知方式存在差异，人们的认知大体可以分为"让自己感到轻松的认知"和"让自己感到辛苦的认知"两种。"让自己感到轻松的认知"建立在对眼前发生的事的冷静判断之上，而"让自己感到辛苦的认知"则是由对事实扭曲的认识和毫无根据的臆测所带来的。

那么，我们应该如何判断自己现在属于哪种认知呢？

当我们对眼前发生的事产生感情（进行认知）的时候，可以这样问自己："我现在产生的这种感情，有根据吗？"或许你会认为"当然是有根据的"，但实际上却并非如此。比如当你出现工作失误的时候，可能会产生"我犯错误了。我什么事情也做不好"的想法。在这种情况下，虽然出现失误是事实，但"什么事情也做不好"却是极端的想法。

这些时候我们应该冷静地想一想。自己真的什么事情都做不好吗？实际上，根本没有人做什么事情都会失败。

冷静地想一想你就会发现,"虽然我这次工作出现了失误,但之前的工作一直都完成得很好"。这样一来,你就能客观地看待事实了。你在反省的时候,也不会出现"我什么也做不好"这种毫无根据的极端情绪了。

"与我一同入职的山田做什么都很出色。而我与他相比就逊色许多。"当以他人为基准降低对自身评价的时候,只要思考一下这种想法的根据就会使自己重新回到客观的思考上来。"我虽然做不到 A,但我能做到 B。山田虽然能做到 A 和 C,但是却做不到 B。虽然我有很多不行的地方,但我也有擅长的地方。谁都有擅长的和不擅长的事情嘛。"

这样一来,你就能够获得正确的认知了。

3.5 不要过分关注"做不到的事"

总而言之,关键在于不要过分关注自己做不到的事。因为在我们的脑海中,一天浮现出700次的"自动化思考"几乎都是负面信息,而我们经常会将负面信息放大。

我们本可以因为自己做到某件事而感到开心,但实际上却总是为那些做不到的事情来苛责自己。如果我们对这种"认知偏差"放任不管,就会对自己越来越失望,最终陷入恶性循环之中。

就算你真的"什么都做不好"(但实际上这是不可能的),那又能怎样呢?"别人都能做到的事我却做不到"真的有这么严重吗?

问题不在于"做不到",而在于你"不肯原谅自己"。因为你不肯原谅自己,这种狭隘的态度会给你造成多余的压力,使你连本来能够做到的事情都做不到了。

那些想要改变自己却总是改变不了的人,总是被自责的情绪困扰。但如果你能够原谅自己，那么就能够毫不气馁地进行多次挑战和尝试。请对自己更宽容一些吧。

想努力养成跑步的习惯，但赶上连续的阴雨天就开始讨厌跑步了？这是很正常的，我也不喜欢在雨天跑步。英语对话练习只坚持了三天便放弃了？你或许觉得自己半途而废是个没用的家伙吧，但之所以会有"半途而废"这个词存在，是因为任何人都会出现这样的问题。

我们可以选择"重新开始"。你之所以一直无法改变，是因为你每次开始的时候都因为"认知偏差"而感觉自己"这次肯定也不行"。从今往后请原谅真实的自己，这样一来，你就可以对一切进行自我管理。

3.6 谷歌公司员工培训时也会用到的"正念法"

要想原谅真实的自己从而改变自己，顺利地实现目标，我们应该怎么办呢？

首先，我们必须认识到"自己的认知很容易出现偏差"。尽管我们无法完全消除脑海中的自动思考，但如果能够将"认知偏差"控制在最小，那么我们就能够有巨大的变化。

为了尽可能地避免"认知偏差"，关键在于正确地认清事实。

当发生某件事情的时候，应该只将意识集中在"眼前的事实"上，排除多余的印象、思考、喜恶，只接受其最真实的状态。这种方法被称为"正念"或者"ACT（Acceptance & Commitment Therapy）"，在心理和精神医疗领域都很被重视。

比如，你去银行发现 ATM 机前有很多人排队，那么你的认识应该只有"ATM 机前排长队了"。

"怎么这么多人，今天真是倒霉！""第三个人怎么这么慢呢，这样午休时间不是都浪费了吗？"这些都是与事实不相符的多余的想法。

如果只关注事实，那么当多余的思考和感情出现的时候，你也不会被其束缚，而会想"我的想法真无聊"。

"正念"是比之前被广泛应用的"认知行为疗法"更为有效的方法。

所谓"认知行为疗法"，就是纠正"认知偏差"，让患者从心理问题中解脱出来的治疗方法。现在越来越多的上班族被"一上电车就肚子疼"的毛病所困扰。甚至有比较严重的患者因为害怕突然出现的便意而不敢搭乘停车站较少的电车。

实际上，电车里并没有会让人肚子疼的东西，所以"一上电车就肚子疼"完全是一种认知的偏差。

如果休息的时候出去玩坐电车没事，下班的时候坐电车也没事的话，那么或许实际情况是"上班的时候搭电车就会肚子疼"。

但是，这仍然与真正的事实还有一段距离，一定还有更本质的原因。

或许因为去上班会引起人们的某种抵抗情绪，所以才会产生肚子疼的生理反应。这种抵抗情绪可能是因为与上司的关系不好、自身的业绩不佳或和同事之间有矛盾。如果不找出这些本质的原因，而只将注意力集中在"一上电车就肚子疼"，那么不管吃多少治肚子疼的药也是没有用的。

找出客观的原因，用正确的认知来应对，然后通过多次乘车来达到"就算坐车也不会肚子疼"的状态时，你才能彻底从苦痛之中解脱出来。这就是认知行为疗法。

"正念"法是在认知行为疗法的基础上，将注意力集中在"现在"和"现实"之上，纠正"认知偏差"的方法。

这种方法不只应用在心理疗法上。在美国，许多企业在对员工进行自我管理培训时都会采用"正念"的方法。谷歌公司为了提高员工的专注度和创造力，于2007年在全公司的员工培训中引入了这一方法。

3.7 "感情"不是现实

用"正念"法来进行自我管理，就是让自己彻底面对现实。或许会有人觉得这是非常难的，但实际上这是非常简单的，因为我们只要不考虑事实以外的事情就好。

人类总是习惯于逃避事实，特别是在事实让人不愉快的时候。

比如，当一个人被愤怒和不安等负面情绪所支配的时候，就不愿意正视"被支配"这一事实。但是，逃避事实并且对其放任不理，会导致"认知偏差"，助长负面情绪。

关键在于，愤怒和不安等负面情绪有时候是完全与"现在"和"现实"无关的。只要冷静地想一下就会发现，所有的负面情绪都是因为对过去的后悔和对未来的担忧而产生的。所以，只要敢于正视这些负面的情绪，就会发现其实事实并没有那么可怕。

当你感觉自己将要被负面情绪吞噬的时候，千万不要放任负面情绪，而应该将意识集中在"现实"和"现在"。

除了愤怒和不安之外，如果你产生悲伤和嫉妒等负面情绪，首先请冷静地思考为什么自己会产生这样的情绪。然后找出导致这些负面情绪的原因："我为什么会感觉心情这么不愉快呢？原因究竟是什么？嗯，是因为部下没有提交报告。我明明强调过很多次，但部下们总是不能自觉地提交报告，这让我感到很生气，所以我这几天才一直心情不愉快。"

请像这样分析一下自己的心情，然后进一步找出使自己越来越愤怒的原因。

"即便如此，我为什么会如此不愉快呢？是因为只有自己的部下能力不行而感到不公平吗？但其他部门也有类似的情况啊。或许是因为我的'被害者意识'太强了。或者是因为我没能好好地教育部下所以感到懊恼？如果业绩能够提高的话，我也不至于如此不愉快。真的是业绩低的问题吗？"像这样与自己对话，可以找出愤怒的本质。然后你就会发现自己究竟是真正的愤怒，还是因为"认知偏差"而产生了愤怒的情绪。

了解了这一点，随后的应对方法就非常简单了。你可以改变对部下的指导方法，也可以采取具体的行动来寻找提高业绩的具体对策。更重要的是，意识到自己的"认知偏差",可以使自己的心情得到放松。"本来我就不能随心所欲地控制自己的部下。与其说现在的问题是因为我的指导能力不足所导致的,不如说是因为我与同事交流不畅导致的吧,那么我今后要多和部下交流才好。"

这样你就能够拥有以事实为基础的认知了。

3.8 愤怒的"真正原因"

导致我们产生负面情绪的原因大部分都是我们自己制造出来的。但是，当我们产生负面情绪时，经常会认为这是别人所导致的。其中最能说明问题的负面情绪就是"愤怒"。

"我明明按照那家伙说的做了""公司的政策有问题""怎么偏偏今天下雨"……将愤怒的原因全都归结于外在因素，如果放任不管的话就像随时都会爆炸的炸弹一样，稍有不慎，愤怒就会猛烈地爆发出来。而且，不在自己身上寻找愤怒的原因，只是一个劲儿地怪罪外因，无法从根本上解决问题。

愤怒的情绪不可能完全是周围造成的，或许是自己创造出来的。就好像在同一家餐厅，有的人不耐烦地一个劲儿催促"还没好吗"，有的人则满脸期待地说"真想快点品尝"。也就是说，容易愤怒的人就是习惯寻找外因的人。更进一步说，越是重视自己的人越容易愤怒。比如，走路时不小心和别人撞了一下肩膀，本来是很平常的小事，但有的人就会感到非常愤怒，而有的人则懂得理解宽容。这两种人之间最大的区别就在于对待他人的态度不同。

在最让企业头疼的顾客投诉中也存在同样的问题。可以说，90%的投诉原因都是顾客认为自己没有受到重视，而不是服务不到位。假设你中午去饭店吃饭的时候服务员上错了菜，本来你点的是辣椒意大利面，却给你上了一份蛤仔饭。这时，如果店员非常诚恳地道歉并且及时地提出补偿措施，那么就算上错了菜让人很不愉快，绝大多数顾客的愤怒并不会爆发。对于顾客来说，因为能够感受到店员的诚意，所以虽然浪费了时间也能够忍耐。

但是，如果店员的态度不够诚恳，那情况就完全不一样了。"给你重上一份不就行了吗？""耽误我的时间怎么办啊？"顾客的愤怒会一下子爆发出来。或许你会认为"这完全是店员的错"，但实际上是"自己遭到了轻视"的感觉导致了愤怒升级。

受台风影响电车晚点时，将车站工作人员团团围住的人群，看起来好像是因为"电车晚点"而愤怒，但实际上是"自己没有受到重视"的想法使愤怒爆发。只要想一想就知道，电车晚点并不能怪车站的工作人员。而且仅凭车站工作人员的能力也不可能让电车恢复正常运行。但因为车站工作人员只是通过广播告诉乘客这一事实,并没有提出进一步的应对措施,所以乘客们感觉"自己受到了轻视",这就使事态变得更复杂了。

事实上,并没有人会故意去轻视别人,但没有采取充分的应对措施,的确会使人产生被轻视的感觉。这正是"认知偏差"的典型案例。

3.9 把握自己，关注"现在"

如果将自己愤怒的原因归结于外在因素，那么就说明你被周围的环境和他人的言行所左右了。掌握你人生方向盘的是别人，这可不是什么好事。

逃避产生负面情绪的本质原因，或从外因上寻找解决办法都是徒劳的。"如果状况好转""如果有人帮助"之类的愿望实现的可能性很小，绝大多数情况下事情都不会朝着你期望的方向发展。因为他人的思考和你的思考是完全不同的。

如果你不能凭借自己的行动来改变现状，那么就无法从负面的情绪中摆脱出来。人在一帆风顺的时候，一旦稍微遇到点不如意的事就很容易自暴自弃。但是，就这样彻底松开方向盘真的对吗？

答案当然是否定的。因为不管怎样，放弃最重要的"现在"会使你的人生变得索然无味。

你想让谁来替你把握人生的方向盘呢？正因为你不愿

第三章　小心你"深信不疑"的陷阱

让别人替你掌控人生，才拿起这本书并且读到这里的不是吗？自己的人生方向必须由自己来把握，因为你有想要去的地方，有想要实现的目标，所以你才想要改变自己。

正如我在前文中强调过多次的，人类具有"认知偏差"，所以我们经常会在人生道路上迷失方向。但是，即便如此我们也绝对不能放弃，因为你人生道路上的驾驶员只有你没有别人。

不要因为过去的事情而懊悔，不要因为对未来的不安而畏缩不前，更不要因为周围的环境而心存怨恨。只有把握"现在"和"现实"，你的人生才会变得更加灿烂。

第四章

从小习惯开始

4.1 年收入一百万以上也不会提高幸福度

渴望幸福的人生,但因无法实现愿望而感到烦恼并在错误的道路上越走越远的人都有一个共同点,那就是从一开始就认为"现在的自己不行"。而且虽然说着"想要改变",却没有一个具体的目标,也就是说他们不知道应该变成什么样。

一个人之所以无法具体描述自己想要什么样的人生,或许是因为他以金钱作为衡量的基准,还停留在"幸福等于有钱"的认识层面上。很多人的愿望是"成为有钱人",但如果你问"有多少钱才算有钱人呢?"他们往往无法回答,或者只有"总之就是很多钱,花不完的钱"之类非常模糊的答案。

我曾经问过一些"想要成为有钱人"的年轻人为什么想成为有钱人,结果他们的回答都是"如果有很多钱的话就会很幸福"。于是我又问:"为什么有钱就会幸福呢?"

对于这个提问，回答大致可以分为两种：一种是"因为有钱可以买到任何想要的东西"，另一种是"因为有钱就可以不用上班"。

对于认为买到任何想要的东西就是幸福的人，我又继续问他们都想要买什么，一开始他们都回答"房子""汽车"等，但很快想要的东西就说完了。还有人说想要"私人飞机"，当我问用私人飞机去哪里、做什么的时候，他们也没有具体的答案。可以说，他们打从心底十分想要的东西并不多。

对于认为有钱就不用上班的人，我继续问道："不工作你想做什么呢？"得到的回答就更加奇怪了。事实上，不工作而得到大量的空闲时间，如果用来四处旅行和大吃大喝很快就会让人厌倦。

也就是说，绝大多数的人都是非常模糊地抱有"想要变得富有"的愿望，就好像认为"现在的自己就是因为没有钱所以才不幸福"一样。

那么，真的是"越有钱就越幸福"吗？

大阪大学的筒井义郎教授进行过一次调查，结果非常耐人寻味。根据调查结果显示，年收入在80万元以下时，随着收入的提高幸福度也会相应地增加，但年收入超过80万元之后，收入增加幸福度也不会继续增加。

这究竟是为什么呢？

第四章　从小习惯开始

年收入80万元以下时收入与幸福度成正比，是因为在这个范围内的消费都比较容易想象。比如，坐奔驰车、住高级公寓、穿名牌服装、每周去高档餐厅就餐两次、搭乘豪华游轮旅行，等等。

但年收入超过80万元之后，上述愿望都很容易实现了。人们不再满足于吃什么和买什么，转而开始担心自己资产的减少，为了守住财产而忧心忡忡。甚至有的人为了尽量减免纳税而茶饭不思，害怕周围的人贪图自己的钱财而整天神经兮兮。

也就是说，当收入超过一定程度之后，反而很难感到幸福。

4.2 拥有具体的目标

通过上述调查结果我们可以发现，模糊地认为"只要有了某样东西就能够幸福"的想法是毫无意义的。就算你认为"现在的自己与理想中的自己状态不同"，也并非是周围环境的影响。

"因为工资太少""因为我长得不好看""因为我学历低""因为得不到家人的帮助"……这些想法都是错误的。你感觉不幸福并不是因为没有满足某种条件，而是因为你对幸福没有具体的目标，只是模糊地抱有"想要变成有钱人"的愿望而没有具体的行动，那么这个愿望是不可能实现的。

更进一步说，没有具体目标的人，就算比别人更加努力，就算年收入超过200万日元或者300万日元也一样无法得到满足，仍然会被"必须继续努力才行"的不安感所折磨。

这种状态显然并不幸福。只有将愿望具体地描述出来，朝着一个明确的目标前进，才能够因实现愿望而感到幸福。关键在于，当你拥有一个目标时，要清楚当这个愿望实现时你将会是什么状态，以及在这个状态下你要做什么。

就像没有设计图就无法完成一栋建筑一样，幸福的人生也需要相对具体的设计图。设计图当然是不能含糊不清的，必须非常清晰明确。如果只是说"多修柱子"或者"尽量多堆点砖头"，那么这栋建筑在完成后肯定很快就会倒塌吧。

你要改变自己，就好比是把自己这栋"建筑"推倒重建。那么你肯定想重建一栋又高大又漂亮的大厦，毕竟谁也不想建成后的大厦是倾斜的空屋子。

要想让这栋大厦被利用起来，就必须在里面填充内容。

从今天开始抛弃一切模糊不清的内容，描绘一个清晰而具体的人生设计图吧。

4.3 总是与别人比较不会得到真正的幸福

根据全球知名的民意测验和商业调查公司盖洛普发布的世界各国"幸福度排名"显示,全世界幸福度最高的国家是丹麦,随后依次是芬兰、挪威、瑞典等北欧国家。日本排在第81位,很多像日本一样物质相对丰富的国家人们的幸福度都不高,究其原因很有可能是物质主义的倾向过于严重导致的。因为不管拥有多少物质,人类都不会感到满足。

我跑完撒哈拉马拉松之后,住在摩洛哥的一家小旅馆里。这家旅馆的床一坐上去就嘎吱嘎吱地响,随处可见小虫子,浴室里没有澡盆,只能淋浴而且还没有热水。对于习惯了日本生活的我来说,按理说无法忍受这种环境。

但是由于我刚从残酷的沙漠生活中解放出来,所以当天晚上就好像到了天堂一样。其他的日本选手也都说"终于不用露宿野外了""终于能关门睡觉了""终于有自来水啦""终于有电啦"……每个人都高兴得不得了。

第四章　从小习惯开始

我当时忽然意识到,"幸福是由自己的态度决定的"。

在同样的环境中,有人会感觉幸福,有人却感觉不幸。

我们难得来到人世间,很多人却总是哀叹自身的不幸。明明生在日本这样一个非常幸福的国家,却还总是心想"那个人更幸福""我必须成为富裕的那百分之二十"……不停地与他人攀比,永远也得不到满足。

反之,也有通过与他人比较来获得满足感的人。"与他相比我更加优秀""我比上不足比下有余"。但这些都没有以自己作为判断的基准,因此很难得到真正的幸福。

假设有两个同时入职某大型企业的男性 A 和 B,现在他们都已经 40 多岁,两人从入职开始就志趣相投,经常在一起喝酒。但在两人 30 多岁时,交流却变得越来越少了。原因是两人的生活环境相差悬殊。

A 在 20 多岁时就与学生时代的女朋友结了婚,并且贷款买了房子。现在两个孩子的学费虽然是一笔不小的开销,但房子的贷款已经还完了。A 对自己现在的生活感到很满意。如今他最大的愿望就是能够有更多的时间让自己学习英语。

而 B 则对 A 的生活方式非常不屑。"简直就和肥皂剧里的爸爸一模一样。不觉得无聊吗?"B 既没有结婚也没有买房，因此他可以自由支配的资金比 A 更多。像学英语这样的事，他只要愿意随时都可以去，因此他认为自己的生活要比 A 有趣得多。

这两个人的人生没有对和错，只是个人价值观的区别而已。但值得我们注意的是，A 对自己的生活感到满意，B 却是通过与 A 的比较来判断自己的人生价值。B 的这种做法只会影响到他对自己人生价值的真正认识。他无法以自己作为判断的基准，总是需要通过与他人的比较才能做出判断。所以，他就算想要改变自己也很难真正有所改变。

A 虽然对现状感到幸福，但也并非完全不想改变。他之所以想学英语就是为了改变自己。因为他没有与他人比较而是以自己作为判断的基准，所以才能够找到改变自己的具体方法。今后 A 肯定还会发生许多变化吧，而且，他的人生幸福度也会越来越高。

另一方面，通过与 A 进行比较得到幸福感的 B，在与非常富有的同学 C 和因为研究成果而举世闻名的同学 D 比较时，心情就一下子跌到了谷底。"我必须继续努力才行。"

但是，因为他没有以自己作为判断基准，所以没有办法采取具体的行动，就算实现了某种目标，他也不知道这是不是自己真正所期望的，自然无法获得满足感。

自己的幸福度，毫无疑问是由自己决定的。

4.4 用"MORS 法则"来驱动自己

如果不能搞清楚"对自己来说什么是幸福"和"我想要变成什么样的人",那么你只能感到不满和不幸。

只是模糊地抱着"想要幸福"的期待,永远也不可能幸福。总是将模糊不清的愿望挂在嘴边的人,只会抱怨现状,而从不会采取任何行动。更确切地说,他们不知道应该如何采取行动。

"行动科学管理术"的理论可以帮助你彻底排除这些模糊不清的内容。

我们人类会在自己都没有意识到的情况下做出模糊不清的判断,并因此做很多无用功。比如我们开始做某件事时,往往会首先产生"努力去做""总之先加油"之类的想法。

但是"努力"和"加油"是非常模糊不清的词,没有具体性。所以,不管对自己说多少次这样的话,也不可能做出行动。越是性格认真的人,越容易用这些模糊不清的词语来折磨自己，所以更加需要注意。

"行动科学管理术"只会使用清晰和有具体行动指向的词语。

行动科学管理术只承认符合"MORS法则"定义的行动。"MORS法则"包括以下四个要素。

M=Measured（可测评）
O=Observable（可观察）
R=Reliable（可信任）
S=Specific（可明确化）

只有当行动符合"MORS法则"时，人们才会清楚地知道"应该如何行动"。

自我管理也是一样，你必须对自己做出具体的指示。否则你只会认为达不到目标的自己一无是处，这样岂不是太可怜了吗？

4.5 "开始"与"坚持"是不同的行动

为了"达到目的"和"成为理想中的自己",不可能只行动一次,而必须坚持下去才行。

如"想改变易怒的毛病",那么如果有 10 次愤怒即将爆发的情况,至少要忍耐 8 次才行。如果只是将第一次"忍了下来",后面马上又恢复原状,恐怕连你自己也会很失望吧。

有些事情开始很简单,但坚持下来却很难。谁都经历过坚持不了半途而废的情况。一开始明明能够做到但越到后面越坚持不下去,这种情况其实不止发生在你一个人的身上。

为什么有那么多人都因为无法坚持而苦恼呢?

最主要的原因在于"开始"与"坚持"是完全不同的两种行为。两者并不是相关的,所以也不一定共存。开始之后坚持不下去其实是很正常的现象。

"行动科学管理术"认为，无法取得理想结果的原因只有两点：

1. 不知道应该怎么做
2. 虽然知道应该怎么做，但不知道如何坚持

关于第一点，比如戒烟、减肥、学习英语等，如果"不知道应该怎么做"的话，那么确实无法取得成功。

但是，在信息化的社会中，基本的方法大家实际上都是可以掌握的。想减肥，可以控制饮食和增加运动。甚至不用专门跑到书店，在互联网上随便一查就能找到很多信息。所以不知道应该怎么做的情况现在可以说很少见了。

关键在于第二点，即"虽然知道应该怎么做但不知道如何坚持"。事实上，很多人都不知道坚持的方法。因为我们的老师和家长从小就没教给我们坚持的方法。在这种环境下长大，不知道如何坚持也是情有可原的。

不要认为"无法坚持下去是因为自己意志薄弱"，你要知道无法坚持是很正常的事。也正因为如此，我们才需要学习能够让我们坚持的方法。

4.6 开始的目标是"马上取得结果"

"开始行动"的关键在于"降低行动的难度"。

比如第一次尝试跳马的人,一开始就跳8个箱子的高度恐怕是做不到的。应该首先从2个箱子的高度开始,然后一点点增加到3个或4个箱子,最后才能到8个箱子的高度。

为了健康而培养运动的习惯也是一样的,如果决定"每天走30分钟"那么肯定会很轻松地开始行动,但如果决定"每天跑5公里"结果可就不一样了。你或许会找出"今天太冷了""我有点感冒"之类的理由来拖延行动的时间。

另外,"制造好的环境"对于开始一项行动也非常有帮助。如果有一套很漂亮的运动服和一双穿起来很舒服的跑鞋,那么谁都会忍不住想要运动运动吧。甚至有人会邀请朋友一起运动。

但是,就算有漂亮的运动服和很舒服的跑鞋,还有朋友陪伴，每天只散步 30 分钟，为什么仍然有人连一周也坚持不下来呢？原因在于"没有得到好的结果"。

如果运动之后体重下降了，或者血压和血脂都控制在理想的范围之内，那所有人都会充满动力地坚持下去的。但实际上事情并不会那么顺利，所以很多人都会半途而废。

请回忆一下第一章中为大家介绍过的"ABC 模型"的概念。当人们发现"能够立刻得到好结果"的时候，就会积极主动地重复这一行动。所以，如果运动无法立刻得到好结果，可以创造"好的结果"来刺激自己坚持运动。

也就是说，给坚持下去的自己准备一些奖励。

4.7 只要能获得"成就感",人们就会更主动地采取行动

"行动科学管理术"为了让人们能够在无法立刻得到"好的结果"的情况下仍然能够坚持行动,专门设计了许多"报酬",但是这些报酬最好不涉及金钱,就算涉及也最好不要涉及高价的东西。

比如,上司希望部下坚持重复一种行为的时候最常使用的报酬是什么?不可能经常请部下去高级餐厅吃饭,也不能经常给部下加薪。那么最有效果的报酬就是"褒奖",而且这种方法不用花一分钱。

不过在对自我进行管理的时候,可以考虑得更加灵活一些。

如果减肥成功,就去一直憧憬的那家宾馆的游泳池游泳。如果坚持去上三个月英语课,就给自己买一套新西装。

可以给自己一些与金钱相关的奖励。正如我在前文中

反复强调过的那样，仅凭意志力是很难坚持下去的。用棍子上的胡萝卜来给自己鼓劲的方法实际上也没什么不好。

当你坚持一段时间之后，就会产生"我也能够做到"的成就感，这才是最为关键的。

前文中提到上司给部下最好的报酬就是"褒奖"。得到上司的褒奖和认可，部下会产生"我做到了""我对公司有贡献"的成就感，这样部下就会更主动地重复行动。

在孩子们的学习问题上也是一样。通过让孩子们体会到从不懂到懂的成就感，就可以培养孩子的学习习惯。

当你用棍子上的胡萝卜激励自己并且取得好的结果之后，获得的成就感会驱使你继续行动。

也就是说，成就感本身就是一种非常巨大的报酬。

如果能够达到这一步，今后就算没有"棍子上的胡萝卜"，你也会自动地想起"只要取得结果就能够得到成就感"，然后将行动坚持下去。

4.8 养成"不做就不舒服"的习惯

我曾经见过一个商务人士,他坚持每天学习一小时,已经坚持了整整一年。因为他无法掌控晚上的时间,所以他将学习的时间安排在每天早晨 5 点到 6 点。

"真难得你能够坚持下来呢。"我称赞他,他却毫不在意地说:"没什么。我已经完全养成习惯了,要是不起来学习反倒感觉不舒服。"他似乎已经把每天早晨起来学习当成和洗脸一样的生活习惯了。当然,每天早晨起来学习一定是很辛苦的。但不管什么事情只要养成习惯就不会再觉得辛苦,自然就能够坚持下去。

比如刷牙。对于小孩子来说,刷牙是非常麻烦的事情。或许你也有小时候带着大大的不情愿,在爸爸妈妈的强迫下刷牙的经历吧。但是,就在你非常不情愿地每天重复行动的过程中,刷牙不知不觉就成为一种习惯。如果现在禁止你刷牙,你一定会感觉非常不舒服吧。我之前提到的那个商务人士就将学习变成了像刷牙一样"不做就不舒服"的习惯。

我也有每天早晨跑步的习惯，如果连续几天不能跑步也会感到"不能跑步很不舒服"。但是，这种习惯也是最初用"棍子上的胡萝卜"养成的。

为了将那些能够取得好结果的行动变成习惯，并且彻底摆脱导致坏结果的行动，褒奖和成就感是不可忽视的。

4.9 人类任何时候都可能改变

在最被人们讨厌的词之中,"反正"这个词是最有代表性的。

"反正也没有人看好我""反正我也不受欢迎""反正那个家伙做得更好"。习惯这样说话的人,肯定对现在的自己感到不满意。但是,他们却不肯积极地去改变现状。这样的人只会让周围的人感到讨厌。

人生绝对不能自暴自弃。苹果公司的创始人史蒂夫·乔布斯,尽管身患肝癌症却仍然将自己的热情全部投入到工作之中,赢得了全世界的尊重。即便癌细胞已经扩散到了他的全身,他仍然没有放弃自己。事实上,这并不是他第一次在面临绝境的时候仍然继续坚持。他曾经被自己一手创建的苹果公司扫地出门,却成功地再次回到公司就任CEO,而且他只领取每年1美元的象征性的薪水,使濒临破产的苹果公司成功重生。

不过，我们不必人人都成为史蒂夫·乔布斯。每个人都有不同的价值，关键在于以自己为中心实现它。

每个人都可以改变，谁都可以做自己想做的事。但是，当你说出"但是"这个词的一瞬间，机会就将离你远去。

改变自己并不意味着否定现在的自己，而是让现在的自己得到成长。所以，请不要讨厌现在的自己。只有现在的自己，才能够取得进步。

让自己成功戒烟，并且养成运动的习惯，这对你来说就是非常大的改变。而实现这一改变的，不是别人正是现在的你，也就是说，现在的你拥有很大的潜力。如果你认识到这一点并且开始行动，就将出现改变。

绝对不能自暴自弃。一定要相信自己，放松心情开始行动。

4.10 新行动"从三开始"

改变现在的自己,并不是让你改变人格,而是努力让现在的自己变得更加优秀。但改变不可能一蹴而就,而应该循序渐进。

循序渐进地行动,就会像刷牙一样逐渐养成习惯。如果一下子做很多事,肯定不可能做好。行动科学管理术最大的优点就是有极高的可操作性。企业如果采用这种方法,那么同一种工作不管让谁来干都能取得同样的结果。这样企业就不用依赖少数的优秀员工,而是可以通过提高所有员工的能力,使企业的效益稳定增长。

实际上,少数优秀员工都是依靠自己的直觉来工作的,对自己的行动方式并不明确。因此他们并不能够对其他员工进行培训。所以"行动科学管理术"认为,依靠少数的优秀员工反而是非常危险的。

如果将这个内容套用在自我管理上,那就是不要只依靠自己的"少数优点"。也就是不要在某一方面过度努力。

"行动科学管理术"认为,"培养新的行动习惯时,最多不要超过三个"。比如,在教新员工工作内容的时候,首先从最简单的三个开始,当员工能够熟练掌握这三项工作内容之后再继续教他接下来的事。

当你准备开始某项行动时,也应该按照这个法则来进行。

如果你想学习英语,每天只需要记三个单词。

如果你想养成运动的习惯,每周只需要运动三次。

当然,也有一些情况是无法严格按照"三"的数量来进行计算或区分的,在这种情况下只要感觉工作量不是太大就可以了。

采用这种方法的关键在于,从所完成的一件一件的小事中,我们会确实地体会到"我做到了"的成就感。让自己充分地体会到成就感所带来的快乐,给自己褒奖,让自己享受自信。通过自己给予自己"好的结果",让自己更容易开始下一次的行动。

既然你想要改变自己并且拿起了这本书,那么你肯定想要变得更好。但是,正如前文中提到过的那样,如果一开始就把目标定得过高,只会起到相反的效果。

所以一开始请把目标定得低一些,循序渐进一步一个

第四章 从小习惯开始

脚印地开始行动。

如果因为勉强自己而失败,会导致认知出现巨大的偏差,把自己逼入穷途末路。事实上,不管多大的失败都不能证明你这个人一无是处,但认知的偏差却会让你给自己贴上失败者的标签。如果这样的情况重复出现,那你的人生就真的完蛋了。

4.11 让每天的压力"可视化"

我之所以多次强调要从"小的行动"开始，是因为行动越小越容易完成，而且还能够排除一切模糊不清的因素。

"一天记三个英语单词"，这种目标就非常明确。而且通过实际的行动，也可以验证自己究竟能不能够做到。但如果目标是"从现在开始用一年的时间来学习英语"，那么这个行动之中模糊不清的因素就太多了。

"要说成功也算是成功了，要说没成功也算是没成功。到底应该如何评价自己呢……"这种模糊不清的想法会在无形中给我们造成巨大的压力。越是努力向前，越会被焦躁的心情所困扰。

在第三章中提到过，不安和愤怒等负面情绪只要找到其本质就能够解决，但模糊不清的因素如果置之不理则会变得越来越有干扰力。为了尽可能地减轻我们在日常生活

第四章 从小习惯开始

中出现的压力，应该排除模糊不清的因素，使一切都"可视化"。不要总是思考那些模糊不清的内容。

假设你在公司的走廊里与社长擦肩而过时，社长对你说："3号下午4点半，给我拿18份新商品的宣传册。"你回到自己的座位上时，肯定会立刻将这条信息记在笔记本上。而当你做好笔记之后就会松一口气，因为可以暂时不用去想这件事。

但如果你还没来得及把这件事记下来，上司就来询问你关于明天会议的事情，你会怎么样呢？你必须回答上司的问题，同时又不能忘记社长的命令，这样就会让你产生压力。

所以，不要让这些事情停留在自己的脑海里，要让它们可视化。

幸运的是，生活在现代社会的我们拥有很多"工具"。利用一切可以利用的工具，让自己从压力之中解放出来吧。

4.12 "行动列表"在自我管理中非常有效

"行动科学管理术"中应用最频繁的工具就是"行动列表"。"行动列表"的种类多种多样，从简单的一张纸到内容繁杂的表格都有。

行动列表的作用在于确认自己的工作是否已经完成。比如，当上司给部下安排工作的时候，可以将整个工作分解为一组行动，一个一个地填写在行动列表中。上司和部下都可以通过检查这个列表来确认工作的进度和情况。在重复这一行动的过程中，部下会逐渐养成习惯，这样一来就算不用上司指点，部下也能够正确地进行工作。

对新员工进行培训的时候也可以使用行动列表。因为如果只是含糊不清地教育新员工"打起精神来"，新员工很难理解应该怎样做。

如在穿衣打扮方面，我们会要求"裤子要有裤线""领带要打结实""皮鞋要干净明亮"等；在个人卫生方面，我们可以要求"指甲干净""不要有头皮屑""口气要清新"等。

员工在一项一项地完成这些要求的过程中,自然会将这些要求变成自己的习惯,上司也就不必再有任何担心了。

像这样的行动列表,在自我管理的时候也能够派上用场。

如果你想要对自己的健康状况进行管理,可以分为"饮食""运动""睡眠"等几个大项目,然后在其中分别添加"一日三餐""多吃蔬菜""不吃垃圾食品"或者"走一站路""不坐电梯走楼梯""做10个俯卧撑"等小项目。当完成这些项目后,就将它们填入列表中。

需要注意的是,一定要用笔把完成的事情记下来,而不能只是在脑海中确认完成。通过用笔写下行动列表,可以确实地获得"今天做到了"的成就感,从而促使你坚持下去。

试着用行动列表来调整你的精神和人际交往吧。

"不胡思乱想""感到焦躁的时候深呼吸""每天早晨对着镜子微笑""遇到熟人时先打招呼""不回忆过去糟糕的经历"。你想到的任何有益的行动,都可以填在行动列表上。

当你做到行动列表上的要求时,请为自己感到骄傲吧。

4.13 使用"方便的记录工具"

最近,"lifelog"开始流行起来。

"lifelog"直译过来就是"记录生活",指的是通过网站或者应用软件将每天的生活用数据的形式记录下来。

记录的基本内容包括曾经访问过的网站和所处的位置信息,根据应用程序的不同,还可以记录睡觉时间和起床时间、活动地点和运动量、饮食、阅读等事项。

因为我们的记忆力是有限的,所以这种记录工具有很大的利用价值。

通过网站或者应用程序将自己的生活数据记录下来,可以非常简单地将现在与过去的数据进行比较。甚至可以将数据制作成表格,来直观地检查某种行为的频率。另外,因为数据是保存在网页上的,所以可以通过电脑、智能手机等一切设备随时随地地进行记录并查看数据。

生活记录的内容可以根据自己的喜好来定。既可以记录何时起床、何时吃早餐、使用了哪种交通工具；也可以详细地记录当天的工作内容，见了什么人，在哪家饭店吃了什么东西等。

可以用来进行记录的工具有很多，其中"Evernote"是一款效率极佳的工具。"Evernote"可以保存网页上的文字和图片，并且可以随时阅览。简单说，就是一个可以自由使用的电子笔记本。因为没有使用时间的限制，所以除了日常记录之外还可以用来保存名片，或者作为网页收藏夹使用。

为了可以更加方便地使用"Evernote"进行记录，我向大家推荐一款iPhone应用程序，叫作"ilifelog"。"ilifelog"与"Evernote"是完全联动的，可以将所有数据都传送到"Evernote"之中。"ilifelog"的编辑方法比"Evernote"更加简单，而且可以将修改后的内容直接传送到"Evernote"上，使用起来十分方便。

对于那些为了考取证书而学习的人，"study plus"是一款非常好的工具。这款工具可以记录你所使用的教材、学习内容以及学习时间等等，还可以和"twitter"一样共享时间表。在其他人的鼓励和刺激下，享受学习带来的乐趣。

要想将好的行动坚持下去，获得一定的报酬是必不可少的。通过灵活地应用数码工具，可以使你有成就感，并从他人那里得到称赞，这样你就会将好的行动长期坚持

从行动开始

下去。

当然，这些工具也不是非用不可，只是用了这些工具之后更加方便。

※"Evernote"是可以保存和检索文件、邮件、照片、语音等内容的应用程序。将名片和发票等拍成照片保存起来之后也可以随时检索，使用起来非常方便。根据容量的不同，分为收费版和免费版两种。

※"ilifelog"是可以在"Evernote"中做记录的应用程序。能够利用各种各样的图标，将照片和文字记录下来。

※"study plus"是面向考生的学习应用程序。将学习时间和内容记录下来之后会自动生成学习进度一览表，还有与拥有同样学习目标的人进行比较的功能。

4.14 利用"生活的记录本"感受"自己的能力"

我强烈推荐大家在生活的记录本中填写三件"今天发生的开心事",以此来获得成就感。

不习惯用电子设备做记录而喜欢手写的人,可以专门准备一个笔记本。或许有人会问,手写的记录本和日记有什么区别?区别在于,这个笔记上只记让人开心的好事。这也是最关键的地方。

请试着在每天晚上睡觉之前回顾一天中发生的事,找出三件开心的事,这样你的每一天都会是"发生了三件开心的事的一天"。

"与客户公司的交涉非常成功""与好久没见的朋友T见面聊天非常开心""买到了一直想要的书"……

不管是大事还是小事,为了随后查阅方便,最好具体地记录下工作的内容,见到的人的名字,买到的书的书名。

因为是记录下来给自己看的,所以不用记录什么了不起的内容。

就算记录的是小事也无所谓，关键在于自己感觉开心和快乐。如果无论如何都想不起什么开心的好事，那么记录一些很正常的事也可以。

"一日三餐都正常吃饭""电车没有晚点""没有忘记东西"……请不要以为这些都是无聊的琐事。即便是这样的小事，也完全可以成为给自己的奖赏。

我们的人生就是无数个"今天"的累积。如果总是想着"今天的辛苦是为了将来的快乐"，那么不管多么努力都无法过上幸福的人生。

只有让每个"今天"都过得快乐，累积起来的人生才是幸福的人生。所以，认为"今天是快乐的一天"的态度是非常重要的。

但是，为什么"今天是快乐的一天"呢？这就需要我们具体地列举一些事情来加以证明，这样一来也可以使我们不至于陷入负面的"认知偏差"之中。

另外，如果我们能够认识到行动的好的一面，就会更加积极地向着成果努力。在这种精神刺激下，我们会采取更多有益的行动，从而得到实际的效果。

4.15 用"感谢卡"消除人际关系上的压力

让我们再次回到最基本的问题上来：你为什么"想要改变自己"？

为了在工作上取得更大的成果，为了更加有效地利用时间，为了成功减肥，为了精通英语……"想要成为更好的自己"有很多原因，但根本上的原因还是"渴望认可自己的人生价值"。

既然如此，如果能够切实感觉到自己的人生价值，是非常有益的。而最能够让人感觉到自己人生价值的方法，就是得到周围人的感谢。我们可以自己来创造这样的机会。

行动科学管理术中有一个非常重要的工具，叫作"感谢卡"。所谓"感谢卡"，就是用来表示"感激"心情的卡片。任何人在得到他人感谢的时候都会很开心，而能够让别人感到开心的人，当然也是一个了不起的人。

另外，如果你将"感谢卡"送给别人的话，一定也会从别人手里收到"感谢卡"吧。

"感谢卡"不用做得太过夸张，用什么样的纸来做都行。感谢卡上的文字应该尽量简短，而且要便于携带，所以名片大小的卡片是最好的。

将这些卡片随身携带，当想要感谢别人的时候可以将感谢的内容简短地写在上面，直接交给对方或者摆在对方的桌子上。

"今天从您那里学到了很多东西，非常感谢。"即便是这样简短的文字，也能够使人感到非常开心。

自从某书店引入感谢卡之后，员工之间的交流发生了翻天覆地的变化。这家书店不同部门负责不同的楼层，因此员工之间缺乏相互交流的环境，平时公司的气氛难免会有些紧张。

由于员工之间缺乏沟通和交流，所以一旦到了业务繁忙需要大家齐心协力进行合作的时候就会出现各种问题。认识到这一问题的管理层对员工们做出了"所有人每天都要发一张感谢卡"的要求。

所有的员工每天都必须给其他人发至少一张感谢卡。这样一来，员工们就必须去主动寻找感谢的理由。因为在同一个部门内感谢的人是有限的，所以员工们就会自发地去和其他部门的同事交流。

第四章　从小习惯开始

"M先生明明那么忙，还总是主动接电话""三楼的新员工总是主动和别人打招呼""餐厅的书架摆放得非常漂亮，让我学到了不少"……

员工在寻找感谢理由的时候，自然而然地加深了相互的了解，曾经的紧张气氛一下子烟消云散。尽管大家最初只是寻找表面上的优点，但随着了解的不断深入很快大家就会发现彼此真正的优点。

我们的压力有八成都来自人际关系。所有人都可能因为别人的影响感到不愉快。但实际上我们并没有真正憎恨的人。绝大多数都是"认知偏差"导致的"厌恶"。感谢卡可以使你避免这种状况。

而且当你得到别人的感谢时也会感到非常愉快。

就算你对感谢卡的作用心存怀疑，也请尝试一下。因为只是一味地批判而不采取行动，是不会有任何改变的。

4.16 利用"实况转播"让意识回到现实

如果在过去,我说我每天都会冥想,那么肯定有很多人认为我是一个奇怪的人吧。因为冥想这个词带有很强的宗教色彩,经常被看作是特殊的行为。但现在,冥想作为调整心态和认识自我的有效手段已经被大众所接受。

我们随时随地都可以进行冥想,可以说冥想是支撑我们在这个充满压力的社会中生存下来的最好的方法。

提起冥想,或许很多人首先想到的是坐禅,但实际上冥想不一定非要一直坐着不动。冥想的关键在于认识到"此刻自己的存在",所以在跑步或者在工作,都可以进行冥想。对于我来说,跑步的时候就是最好的冥想时间。

冥想并不是什么复杂的事情。只需要闭上眼睛,将意识集中在"现在"和"现实"之上,你的心情就会立刻平静下来。

如果你"一闭上眼睛,就会不由自主地想起许多过去

第四章 从小习惯开始

和未来的事情",那么我建议你尝试一下上座部佛教阿鲁大师所提倡的"将自己的行动实况转播"的方法。

上座部佛教所采用的方法,即便从认知行为疗法和正念疗法的角度来看,也是非常有效的。

所谓"实况转播",简单来说就是"将自己正在做的事情用语言文字的形式在脑海中确认一遍"。通过将自己的行动读给自己听,可以完全排除过去和将来的干扰,将意识完全集中于现在。

比如吃饭的时候,"用右手拿起筷子,伸出左手,拿起饭碗,用筷子夹起米饭,将米饭放入口中,咀嚼米饭,咽下米饭。"这样一来你就可以客观地审视自己的行动。

如果你在工作中感到焦躁不安,可以用这种方法将你的意识拉回"现实"中来。"面向电脑,抬起右手,将键盘拉到身前,打开复印机的盖板,将资料放在复印机上面,盖上盖板。"

通过脑海中的转播,你可以将意识集中在自己此刻的身心上,排除对过去的后悔和对将来的担心。这样一来,你就会将注意力都集中在必须完成的事情之上,从而取得更好的工作成果。

或许你经常会产生"明天必须提交报告,要是我做不完该怎么办,"之类的想法,但从客观的角度来说,这是明天的事情。现在你应该做的就是将报告一个字一个字地完成。

当你陷入"明知道现在应该做什么却迟迟无法开始行动"的状态时,实况转播的方法可以立刻让你回到现实。认识到"必须要做的只有眼前的事情",对于坚持行动具有非常重要的意义。

4.17 化整为零

大概很多人的家里都有一套百科全书。我家也有一套百科全书，每一本都有800页，总共有12本，摆满了一整排书架。

但是对很多人来说，百科全书更像是一种装饰品，很少有人真正读过它。现在回忆起来，这实在是一种浪费。如果我在小时候读完了那套百科全书的话，现在肯定会是一个知识渊博的人。

事实上，"小时候就读完百科全书的人"是有的，甚至还有人"从头到尾读完了辞典"。

对于想要开始学习新的知识，或者准备挑战新工作的人来说，这些读完百科全书和辞典的人所采用的方法一定会对你们有所帮助。这个方法就是"化整为零"。

如果眼前"必须要做"的事情过于庞杂，单单想到它都会使我们感到很大的压力。"哇，竟然有这么多事，好烦啊。"这种情绪会阻碍我们的行动。就算我们鼓足干劲开始行动，也会因为从整体上来看进度缓慢而感到气馁。"这究竟要干到什么时候才能干完啊！"

每天都努力工作却总是看不到头的日子会使人产生巨大的压力。人们会对工作越来越厌倦并最终放弃。

对于这种情况，如果采取"从一开始就将大任务分解成许多小任务，然后只将注意力集中在当天需要完成的任务上"的方法，就可以从多余的压力之中解放出来。

那些看完百科全书的人都有一个共同点，那就是"从一开始便确定了每次读多少页"。全套12本每本800页的百科全书，总共有9600页。一想到要把这些内容"全部读完"，绝大多数的人都会望而却步吧。但是，如果决定"一天读10页"又将如何呢？这是非常简单的事情。而且一天读10页，每天都可以享受由此带来的成就感。

只要将这个简单的行动重复960次，那么你就在不知不觉间读完了总共9600页的百科全书。就算偶尔有一天偷懒没有读，总共也用不了三年时间。

面对庞大的工作，不要总想着一下子做完，这样只会给自己增添压力。将庞大的工作化整为零，并且享受由此带来的成就感才是上上之策。

4.18 不要走极端

前文中多次提到"行动科学管理术彻底排除模糊不清的因素"。但是这并不意味着行动科学管理术就是"非0即100"的极端理论。

"非0即100"的思考方法，虽然乍看上去很明确，但实际上却毫无根据。因为在实际情况中，既有可能是"23"也有可能是"74"，明确了具体的数值才是最关键的。

"非黑即白"也同样不行。事物并非总是白的或者总是黑的，还有可能是无限接近于白色的浅灰色或者无限接近于黑色的深灰色，或者是在两者之间。如果不能够理解这一点，就很容易出现"认知偏差"。

你通过行动取得的结果既不是100也不是0，既不是纯白也不是纯黑。

人们之所以总是追求远大的目标，总是喜欢否定现在的自己，就是因为在他们的观念里"不是100就没有意义"。

但是,没有人是"完美"的。就算能够做到一次"100分",也不可能每次都成功。所以,"追求100"的想法,只会给自己持续带来压力。

请对自己宽容一些,请多多鼓励自己。"23"和"74"都是成果。请根据数值来做出正确的评价。

"做到了23,接下来还需要77",这就是事实。只要认识到这一点就足够了。如果认识不到这一点,总是抱着"完全不够""明明差一点就能成功"的想法,只会让自己苦恼不已。

4.19 通过累积的成果来进行评价

当你评价自己行动的结果时,不要只看"成功还是失败",而应该基于事实做出正确的评价,如"我做到了六成,还有四成没做到"。

但很多人认为"做到了六成还有四成没做到"这种评价本身就是模糊不清的,他们只关心"究竟是成功还是失败"。

那么,"做到了六成还有四成没做到"到底是成功还是失败呢?我认为至少应该算是"偏向于成功"。在评价自己的表现时,关键在于综合评价而不要只看某一点。也就是说,不能只看一时的表现,而应该根据一定时期内累计的成果来进行判断。否则你的判断就是有失偏颇的。

比如,在公司对一个业务员的工作业绩进行评价时,会将他过去签订的合同数量以棒状图的形式表示出来。这样做的目的在于使工作成果一目了然,同时能够激发员工相互之间的竞争心理。

那么，假设有一名员工 Z 君，上个月签订的合同数量是 30 份，这个月是 18 份。很多人对于这两个数字都会产生这样的误读："Z 君这个月签订的合同数量只有上个月的一半。"所以他们会对 Z 君做出业绩下滑、工作积极性降低等负面的评价。但是，用这个月的业绩和上个月作比较的做法非常片面，也是毫无意义的。以行动科学管理术的观点看来，必须通过累积的成果来评价一个人的成绩。

"上个月签订了 30 份合同，这个月签订了 18 份，两个月累积签订了 48 份合同。"这才是事实。这种方法不只适用于销售业绩评估，在对一切内容进行评估时都具有重要的作用，特别是在对自己进行评价的时候更是必不可少。

如果你半年前的成果是"8"，3 个月前的成果是"5"，这个月的成果是"3"，那么你会对自己做出怎样的评价呢？是不是会觉得"我的成果越来越少了""成长的速度变慢了"，然后失去自信呢？但实际上这并不是事实。正确的评价应该是"我取得的成果正在逐渐增加"。

从累积的角度来看，每个人都在不断地成长。

第五章

避开陷阱

5.1 扔掉"为了将来而忍耐"的想法

日本也好外国也好，都有各自的节日。但外国人在日本参加节日庆典的时候总有一件事搞不明白，那就是"日本人的节日庆典不够尽兴"。

外国人以为，到了庆典的最高潮大家都应该举杯畅饮一醉方休的时候，日本人却收拾东西准备回家了。外国人询问其中的原因，得到的回答是"明天还要上班"。在我们日本人看来这是理所当然的，但对于外国人来说明明应该享受"现在"，日本人却在担心"明天"，这是他们无论如何都难以理解的。

虽然我也认为"不能因为节日庆典玩得太疯狂而耽误了第二天的工作"，却从这个故事里学到了一些东西。很多人都有"为了将来现在必须忍耐"的想法，特别对创业的年轻人更为明显。但是，如果对将来没有一个明确的目标，只是模糊地觉得"如果我现在忍耐，将来会有好事发生"

的话，那么最好趁早抛弃这种想法。

因为这种想法虽然看似积极向上，但实际上却是逃避现实。人生是无数个今天的累积，由辛苦的三十天累积而成的一个月，就是辛苦的一个月；由辛苦的十二个月累积而成的一年，就是辛苦的一年；由辛苦的每年累积而成的一生，只能是辛苦的一生。

给自己的人生设定正确的目标确实是一件非常重要的事，但这并不意味着自己的人生价值只存在于"没有到来的未来"中。我们应该充实地度过现在的每一天。

10年后的你是由现在的你决定的，请永远不要忘记这一点。

5.2 不要因为"无谓的想象"给自己增添压力

因为工作的关系,我能够接触到许多人,从老板到年轻员工都有。通过与这些人的交流我发现,不管身处什么地位的人都有压力。其中甚至还有因为压力过大而患抑郁症的人。所以,要想让"现在"过得充实,消除压力是非常重要的。

很多人认为压力与发生的事情有直接的联系。但实际上并不是"发生事情→产生压力",而是"发生事情→个人认知→产生压力",人类对所发生事情的"认知"才是产生压力的主要因素。如果认知出现偏差,即便只是一些无谓的小事也会产生多余的负面情绪,导致产生巨大的压力。

"认知偏差"不只发生于负面情绪较多的人身上。人类的感情不是一成不变的,平时总是积极思考的人,在疲惫的时候也会感到焦躁不安,产生与平时的认知完全不同的消极情绪。

"同事是不是在背地里说我的坏话""那个人好像对我有点意见""被客户公司的负责人讨厌了,我该怎么办"……就算实际上并没有出现任何问题,人类的臆想也会不断地创造出负面的信息。这会导致人们难以分清现实和臆想,对臆想出来的内容深信不疑。这样一来,周围就充满了让人不安和讨厌的事。生活在这样的环境之中只会增加人们的压力。

那么为了避免出现这种情况我们应该怎么做呢?正确的做法是"正确认识"发生的事情。只是这样一个简单的行动,就可以解决一切问题。

正确地认识眼前所发生的事情,就可以消除绝大部分的压力和痛苦。

5.3 养成"冥想"的习惯

为了正确认识发生的事情,"正念法"是必不可少的方法。

"正念法"可以让你的注意力完全集中在"现在"和"现实"之上,排除过去和未来对你的干扰。只要时刻将注意力完全集中在"现在发生的事情"上,在认识事物的时候就能够摘掉有色眼镜,不会使自己产生无谓的压力。

使自己进入正念状态的方法有很多,其中最有效的方法莫过于"冥想"。

有很多著名的成功人士,都有日常冥想的习惯。前文中提到过的史蒂夫·乔布斯,前美国副总统、诺贝尔和平奖获得者阿尔·戈尔,KDDI的创始人、使濒临破产的日本航空再次复兴的稻盛和夫,被称为经营之神的松下幸之助,日本足球队国脚长谷部诚等,有冥想习惯的成功人士数不胜数。

在普通人看来，那些成功者好像没有丝毫的抑郁和烦恼，但实际上他们并非与压力绝缘，甚至应该说他们承受着普通人难以想象的压力。

这些人之所以能够取得成功，是因为他们从不逃避自己的心理问题，每次都能够及时地解决自己的烦恼。

当他们感觉自己的精神出现问题的时候，会积极地寻找解决办法，然后在众多的解决办法之中选择"冥想"这一有效的行动。正是这样的自我管理术，帮助他们取得了辉煌的成就。

5.4 逃避压力只会造成更大的压力

"不要总是想着压力,那样压力就一直不会消失。"

因为无法完全从压力之中解脱出来,所以有些人认为干脆不要去考虑压力的问题。只要有"毅力",什么事情都能够挺过去。特别是在老年人中,有这种想法的人更多。

但是,仅凭"毅力"就能够战胜一切的想法,只在日本经济高速增长的时期存在。在全球化的今天,世界局势已经变得愈发复杂,我们每个人都会被潮水般涌来的大量信息所淹没。

在信息化社会中,每个人都被迫接收远远超过其所需的信息,导致所有人都变得不像自己。在这样的时代,如果仍然认为"毅力"能够战胜一切,只会离成功越来越远。

渴望成功,想要过上幸福的生活,想赚很多很多的钱……不管是什么样的愿望,都需要身心健康才能实现目标。而在现代社会要想保持身心的健康,定期调节压力是必不可少的。

现在有很多消除压力的方法：体育运动、旅行、购物、与朋友聊天，等等。你一定也尝试过许多减压的方法，这些释放压力的方法并不坏。

但是，消除压力最重要的还是面对自我。与"行动科学管理术"类似的认知行为疗法也认为，不逃避压力，正视压力而采取行动才能够从根本上解决问题。

认知行为疗法经常被用来治疗抑郁症等心理疾病，其"通过改变行动来解决心理问题"的理论已经经过了科学的实证。

困扰你的问题，并不是因为你的性格导致的，更不是毅力能够解决的。只有正视现实并且采取行动，才是解决问题的不二法门。

5.5 如何战胜眼前的诱惑

明明打算戒烟,却无法拒绝别人递过来的香烟……明明想要减肥,却仍然忍不住大快朵颐……明明想要学英语,甚至买了全套教材,却只看了一点就厌倦了……

为什么我们总是会做出违背自身愿望的行动呢?

因为吸烟能够得到暂时的放松;享用美食能够得到确实的满足感;不看英语教材,可以将自己从被迫学习英语的不耐烦中解脱出来。我们都无法抵御眼前的诱惑。

那么,如果能够战胜眼前的诱惑,你和你的生活会发生怎样的改变呢?

成功戒烟会大幅减轻你对健康的忧虑;不抽烟能够节约一大笔开销,还能够减少牙菌斑和口腔异味;成功减肥可以让你拥有漂亮的体型,预防不健康的生活习惯可能造成的疾病,而且你会更喜欢现瘦下来之后充满魅力的自己;成功学习英语或许可以让你挑战更高难度的工作,在克服了不会说英语的弱点之后，你可以更加自信地采取行动，提高整体的工作能力。

如果能够实现目标，只是随便想一想就能想到许多益处。让我们将注意力集中在这些益处上面，将它们写在纸上，然后反复阅读。

要想战胜眼前的诱惑，首先你必须充分了解"人类很难坚持做任何事"（也就是说不要责备自己无法坚持），然后专门制定一套能够帮助自己坚持下去的方法。

5.6 认清你该做的事

人们想要做的事，大致可以分为两种类型。

一种是像学习英语和跑步等"可以让自己变得更好"的类型，也就是"明知道应该做什么好，但就是做不到"的情况。

另一种是像吸烟和暴饮暴食等应该减少的"过剩行为"，这是"明知道不应该这样做但就是停不下来"的情况。

"行动科学管理术"将需要增加的不足行为和应该减少的过剩行为，统称为"目标行为"。

为了减肥而跑步和为了学英语而背诵单词等行为之所以无法增加，是因为这些行为如果不长期坚持下去就看不到成果。所以，我们很容易被眼前的诱惑所打败，这种情况下"眼前的诱惑"被称为"竞争行为"。

比较一下早起跑步和睡懒觉，背英语单词和看喜欢的电视节目。与总是看不到结果的"可以让自己变得更好的行为"相比，人们更容易选择睡懒觉和看喜欢的电视节目。

而吸烟、暴饮暴食、赌博，虽然人们明知道这些行为会给将来的自己带来坏的影响，但却因为能够立刻获得眼前的快感而难以将其戒除。

你的目标行为究竟是想要增加的"让自己变得更好的行为"，还是想要减少的"过剩行为"呢？首先你必须明确这一点，然后，为了 10 年之后的自己，现在的你必须做出改变。

5.7 用"ABC 模型"作为行动的原则

你可以将自己的目标行为放在第一章介绍过的"ABC 模型"之中。请准备一张纸，将整个行动的过程都写出来，关于 C（结果），不管是好的结果还是坏的结果都写出来。

如过剩行为"吸烟"，我们能够找到许多 A（前提条件）："有饭后一支烟的习惯""随身携带香烟""同事总会找自己一起去吸烟"。而 C（结果）则包括"吸烟后放松精神""吸烟后感觉后悔"等等情况。

而让自己变好的行为，如"跑步"，则或许有"体检时发现身体出了问题""变胖了裤子穿不下""朋友邀请自己一起跑步"等 A（前提条件），或许会出现"跑步之后心情舒畅""变瘦了""变得健康了""感到疲惫"等 C（结果）。

这样一来，你就可以客观地观察自己的状态了。

如果你的目标行为是需要减少的，它就是过剩行为，那么应该首先消除 A（前提条件），使其难以发生。

比如，你想要减少"吸烟"这个过剩行为就应该不买香烟，不随身携带香烟，扔掉家里的烟灰缸，不和吸烟的人接触。

但是，如果对比 A（前提条件）更有影响力的 C（结果）置之不理，还是无法彻底戒烟。因为你知道吸烟后能立刻得到"放松"的效果，所以当有人给你烟的时候还是会吸。

在这种时候，我们就需要准备另外一个同样能够得到"放松"这一效果的行为。这种行为被称为"替代行为"。

能够得到放松效果的行为有"喝茶""深呼吸""冥想"等，可以选择一个适合自己的方案作为吸烟的"替代行为"。

另外还有一点，那就是关注"不行动所带来的结果"。不吸烟可以得到"健康""省钱""不被人嫌弃"等好的结果，只要能够意识到这一点，就可以控制自己不去做那些多余的行为。

另一方面，如果你的目标行为是需要增加的，它就是能让你变得更好的行为，那么和吸烟等过剩行为的情况刚好相反，应该尽可能多地增加 A（前提条件），提高行动发生的概率。

如你想要跑步的时候，可以通过"买一双漂亮的跑鞋""找一种让跑步变得快乐的方法""邀请喜欢的人一起跑步"等提高自己跑步的频率。

另外，由于不足行为就算增加也不会立刻取得好的结果，所以我们需要为自己准备一些能够立刻获得快乐的事。通过"跑步结束后喝一杯美味的饮料""洗澡的时候使用浴盐"等自我奖励，来帮助我们坚持。

5.8 不要把目标定得太高

30岁的I先生曾经是公司里备受重视的系统工程师。

为什么是"曾经备受重视"呢?因为他现在已经因抑郁症而辞职了。与和人交流相比,I先生更喜欢与机械打交道,他对自己的这份工作非常满意,所以工作起来十分认真,很快就升职了。

但自从他手下来了几个二十多岁的年轻人之后,I先生的烦恼也变得多起来。因为他不知道应该如何教育和培养部下,经常与部下发生矛盾。

这时,I先生应该利用"行动科学管理术",从力所能及的小事开始进行改变。比如,在公司里和别人大声地打招呼之类的。但是I先生却下定决心要彻底改变自己,于是他每天下班之后都会去参加学习班或者研讨会,把自己弄得疲惫不堪。

就这样又过了一段时间。有一天早晨,I先生正在穿

第五章 避开陷阱

鞋的时候终于忍不住哭了起来,他知道自己再也挺不住了,于是只能去了医院。

两个孩子的母亲 K 女士,希望自己能够成功减肥。有一天她的丈夫无意中说了一句"你现在变胖了好多啊",为了让丈夫刮目相看,K 女士给自己制定了非常严格的减肥计划,目标是每个月最少减掉 3 公斤。

他的丈夫工作非常忙,几乎只有周末才在家吃晚饭。晚上基本只有 K 女士和两个孩子一起吃饭。因为正在长身体的孩子食欲非常旺盛,所以 K 女士给自己准备了专门的减肥餐。

有一天,孩子们吃完晚饭之后就跑到一边玩起手机来。对于孩子们来说这很正常,但是,K 女士却不知为何冒起一股无名火。"整天就知道玩!给我把碗都收拾了!"她一边向孩子们怒吼着,一边将满是油渍的盘子摔在地上。孩子们那一瞬间惊恐的表情,更是让 K 女士感到深深的心痛。

I 先生和 K 女士恐怕都没有意识到,他们对自己的要求太过勉强了。如果你给自己制定了一个非常远大的目标,一旦在实现目标的过程中受挫,就会大幅降低对自己的评价。

在实现目标和改变自己的过程中有一个务必遵守的原则,那就是绝对不要勉强自己。想要改变已经养成的行为习惯需要漫长的时间，所以急躁是大忌。

现在，很多企业都会为员工设定非常长远的目标，我们也总是喜欢给自己制定长期计划，这些目标需要我们拼尽全力才有可能实现。

但是，"行动科学管理术"从不会鼓励大家轻易制定远大的目标。因为一个人不可能总是拼尽全力，反复多次之后总有一天会因为达到极限而倒下。就像被拉到极限的弹簧，最终只会失去弹性。所以正确的做法是设定一个不会超越自身极限的目标。

如果给自己设定的是一个很难实现的目标，那么即便这个目标并不是必须实现的，我们仍然会陷入"必须做到"的"认知偏差"之中。没有人愿意勉强自己，但是必须与世间的价值观相一致的想法迫使你艰难行动。

只有以自己为基准在力所能及的范围内一点一点地改变，才能坚持行动。如果你真的想要改变自己，就不要被周围的价值观所左右，循序渐进地做自己想做的事，这才是最重要的。

5.9 行动都是可以"量化"的

人们之所以总是追求远大的目标，是因为没有认清现在的自己。只有明确地把握现在的自己，才能够设定最适合自己的目标。

如果只是盲目地"想改变"，那么只能制定出模糊的目标。

所以，我们需要把握准确的"数值"。

再也没有比数值更值得信赖的东西了。就像第四章的"MORS 法则"中提到的那样，行动科学管理术只承认能够量化的行动。

比如，为了加强公司内部的员工交流而增加打招呼的次数。如果只是要求"更积极地打招呼"，这种目标就太模糊了。一天应该打多少次招呼？需要比现在增加多少次？只有用明确的数值表示出来，员工们才能有清晰的理解，做出统一的行动。

某销售公司的新员工不喜欢主动和人打招呼,这一问题引起了领导的关注,于是部长要求员工"每天早晨到公司之后要热情地打招呼"。

但是员工们在打招呼的时候却都低着头,而且声音也很小。对于销售来说,打招呼是非常重要的,所以部长感到非常烦恼。

问题究竟出在哪呢?问题出在部长的要求太模糊。"热情地打招呼",究竟什么是热情呢?新员工对此并不清楚。

这时有人提出,"热情地打招呼"就是大声地打招呼。

企业对此采取的办法是用音量机来测量员工打招呼的音量。企业规定了音量的范围,然后让员工自己用音量机测量打招呼的音量是否在规定的范围之内。这样一来,所有人都能够理解什么是"热情地打招呼",自然都能够做到了。

你对自己的要求如果用数值来衡量是什么样的?而现在的你又在这个数值的什么位置?每天你力所能及做的事情换成数值是多少?掌握最值得信赖的数值,对于养成好的行动习惯来说至关重要。如果你对自己是否发生了变化缺乏自信,最好通过数值对现状进行客观的检视,然后再决定接下来应该怎么做。

5.10 面对失败时的三种心态

人生在世，难免会遇到失败和挫折，这绝对不是"意料之外"的情况。如果将失败和挫折看作是"难以接受的事实"，那么只能陷入不必要的失落情绪之中。

如果你在努力地"改变自己""达成目标"的过程中遇到困难，请不要气馁，应该理性地分析出现这种情况的原因，最好能够将这些原因都写出来。

比如，你好不容易持续戒烟三个月，本以为"这次一定能够戒烟成功"的时候，却在和朋友一起喝酒时无意接过旁人递过来的烟吸了一根。开了这个头之后，你又自己买了一包烟，一天就吸光了一整包。

在这种情况下，绝大多数的人都会觉得"我是一个没用的家伙"，从而对自己进行猛烈的批判。这种自我批判多半是"自暴自弃"式的，非但不会出现"仅此一次，不会再犯同样的错误"的反省，还会出现"反正我也管不住自己，干脆放弃戒烟"的想法。

你不觉得这种想法很奇怪吗？

你只是偶然吸了一根烟，尽管你知道不应该。既然如此，只要你以后不坐在吸烟的人旁边，给自己营造一个与香烟隔绝的环境就可以了。

如果你想控制饮食，朋友却总找你去吃自助餐，那么你的目标自然很难实现。如果你认为"现在改变自己是第一要务"，那么就把自己不能去吃自助餐的理由告诉朋友，拒绝和他们去吃自助餐。

如果想养成好的行动习惯，就营造一个能够养成好习惯的环境吧。

几天前，有一位在金融机构工作的女性来找我咨询。

"我有一个因为工作原因一定要考的证书，每天下班后和周末休息的时候我都会为了准备考试而复习，但我一看书就犯困，于是就跑去床上睡觉。我的意志是不是太软弱了？我究竟应该怎么办才好呢？"

如果按照"遇到困难时，理性地分析造成困难的原因"的原则来思考，那么答案就很明显了。如上述女性的情况，她在学习的时候不能处在身边有床的环境之中。那么只要走出家门去咖啡馆或者图书馆之类的地方复习就可以了。

第五章 避开陷阱

听到我的建议之后,她顿时恍然大悟。

不管面对多么困难的状况,都不要认为自己是个没用的人,因为这种想法是毫无意义的。自我贬低只会造成"认知偏差"。冷静客观地分析状况,寻找解决方法,然后实践这个方法,这样就能避免陷入毫无根据的"认知偏差"之中。

不要冲动,保持理性。
不要主观,保持客观。
不要抽象,保持具体。

如果你很容易因挫折和失败而陷入低沉和失落的情绪之中,那么请用这三种态度来思考,寻找对策。这样你的心态就会端正一些,将精神集中在应该做的事情上。

5.11 如何成为一名能够应对突发事件的人

人生难免会遇到许多意料之外的情况。

在某机械厂工作的 N 先生为了前往外地与重要的客户会面而来到羽田机场，就在他办完登机手续不久，广播里传来消息说，由于机械故障，N 先生的航班被取消了。

N 先生抬头看了看大屏幕，发现前往自己目的地的下一趟航班在 2 个小时之后。N 先生感到非常焦急和愤怒，于是他来到柜台前对机场的工作人员说："机械故障到底是怎么回事？我有非常重要的工作。你们要怎么赔偿我？航空公司对此要负全责！"

"非常抱歉，现在只能为您安排下一趟航班。"

工作人员的回答使 N 先生的愤怒达到了顶点："混蛋！那样我就来不及了！把你们负责人给我叫来！"

工作人员只好把自己的领导叫来，但领导的回答也是一样的。N 先生只能搭乘下一趟航班，但那样一来他就赶不上和客户约定的时间了。N 先生怒不可遏，歇斯底里地抗议。他自己给自己的愤怒"火上浇油"，然后将满腔的怒火都发泄在眼前的工作人员身上。"简直就是在开玩笑！说什么机械故障。怎么偏偏今天故障！"

候机的 2 小时内 N 先生一直在发火，就连上了飞机也一直抱怨着这件事。

"我要怎么跟客户道歉……"想到这里，N 先生好像忽然被人泼了一盆冷水：自己竟然完全没有和客户联络。

他急忙掏出手机，却被乘务员阻止了。"这位乘客，现在不能使用电子设备。"这次 N 先生完全没有办法反驳，整个人呆坐在座位上。

距离约定的时间过了半个小时，N 先生才给客户打了电话。等他抵达的时候，客户已经因为别的重要事务而不得不离开公司，见面只能推迟到第二天。尽管这次见面没有流产已经算是不幸中的万幸，但 N 先生还是毫无意义地白跑了一趟。

"得知飞机无法准时起飞的时候马上跟客户联络一下就好了。"N 先生非常自责地想。

不要冲动，保持理性。

不要主观，保持客观。

不要抽象，保持具体。

N先生缺少的正是这三种心态。定好的飞机出现问题，确实很不走运。但是，不管你怎么抱怨这种状况，飞机无法起飞的事实都不会改变。N先生因为多余的被害者意识而陷入混乱，导致他没有及时采取合适的对策，然后自己又被更进一步的混乱情绪所吞噬。

今后不论遇见什么事情，都不要忘记这三种心态。只要用这三种心态来面对问题，那么你就会成为能够应对突发事件的人，避免陷入慌乱的状态。

5.12 只要调整好心态就可以应对突发事件

在设计公司工作的 C 小姐很不擅长与客户交流。本来她就是因为容易害羞才选择了可以自己安静工作的设计行业，但实际进入公司之后她才发现，设计师必须非常频繁地与客户交流。

对于 C 小姐来说，这次的客户尤其难对付。她所提出的设计方案总是得不到客户的肯定，反复修改了好几次效果都不怎么理想。不仅如此，客户还总是以高高在上的态度对 C 小姐的设计提出批评。C 小姐被修理得彻底没了自信。

后来，每当 C 小姐想到要给客户打电话时都会感到心跳加速，头晕恶心。终于有一天，C 小姐无论如何都无法拿起电话，于是她心里想："先去吃午饭，回来之后再打电话吧。"

但是当 C 小姐吃完午饭回来的时候，却发现办公桌上贴着一张便签："L公司的X先生打来电话。说等着你上午联络他呢，好像非常生气的样子。"

回想起来，对方好像确实要求自己"上午打电话"。但是，因为C小姐每次与对方通话时都非常紧张，根本没有多余的精力去记下对方的要求。

看到这份便签之后，C采取的行动完全出人意料。本来她应该和上司商量解决这个问题的方法，可是她却心里想着"这次彻底完蛋了"，就这样逃回家中。

C小姐当然被开除了。而且给公司和客户都制造了本不该出现的麻烦。

在遇到突发事件时容易产生恐慌的人，同时会有自己承担一切责任的倾向。所以为了解决问题，这样的人需要站在第三者的视角上分析问题。

例如，你在宾馆的咖啡厅与客户企业的几名负责人会面。桌面上摆满了重要的资料，这时有人不小心碰倒了水杯，碰倒水杯的人当时肯定大脑一片空白。但其他人却非常冷静，有人急忙拿起资料，有人招呼服务员，还有人掏出手绢……非常简单的行动就可以解决这个问题。

就算你是一个碰倒水杯会陷入恐慌的人，如果碰倒水杯的不是你，那么在遇到这种情况时你就能够采取冷静的行动，因为你本身就具有这样的能力。

　　遇到问题的时候，只要从当事人视角转换到第三者视角，就能够调整心态，明白"现在应该做什么"。

5.13 "应该做"和"想要做"

"想要达成目标"或"想要改变自己",这种积极向上的生活态度确实值得肯定,但在人生中并不是只需要这样的态度。

有时,承认"不愿做某件事情"也非常重要。

"我已经做了很多次尝试,现在感到疲惫不堪,什么也不想做了。"这也是很重要的信号,绝对不能置之不理。

绝对不要忘记,你想要实现什么目标,你想要变成什么样子,都是由现在的你决定的,而不是由世俗的价值观和流行的标准决定的。

如果你对自己的人生感到不满意,是因为你没有采取让自己满意的行动。

"如果我这样做会不会被天下人耻笑""必须做让大家都认可的事",很多人总是优先考虑世俗的价值观,而不去做自己真正想做的事,为了那些背离初衷的事情拼尽一生。

第五章　避开陷阱

必须成为董事长，必须买房，必须结婚，必须掌握一门外语……如果这些都是自己想要做的事还好，但如果这只是为了迎合世俗价值观而应该做的事，那么请趁早抛弃这种想法。

不要被他人的价值观束缚，不要让自己的人生变得复杂。

你真正想要做的事情是什么？你真正想要变成什么样的人？这两个简单的问题才是最重要的。

5.14 整理感情，简单行动

只要将思考简单化，压力自然而然就会减轻。

人类总是背负着超出自己认知的思维负担，这会使人产生多余的思考。

在一切生物中，只有人类会出现"身体在这，心思却在别处"的情况，如果"心在别处"的情况常态化，就会产生很多问题。

对动物来说，要捕获猎物时会毫不犹豫地开始行动，要交配时会给对方发去明确的信号。而且它们在行动之前绝对不会考虑行动会不会成功。动物在任何时候都在朝着"本能和当下的目标"而努力。

那么，身为高等动物的人类为什么却做不到这一点呢？这个问题很好地说明了人类的思考存在着多么大的问题。

人是很容易"想入非非"的动物。总是摆脱不了负面思考，总是会产生悲观的妄想。当你认识到这一点，就应该每天专门准备一些时间来整理自己的感情。

坐禅也好，散步也好，甚至只是闭上眼睛也好。"现在，我要整理自己的感情，从"认知偏差"中摆脱出来，让意识回到现实。"只要这样想一想就足够了。

在每天睡觉之前拿出 5 分钟来整理自己的感情，可以很好地减轻你的压力。如果不这样做，任凭由"认知偏差"产生的负面感情蔓延，那么你的未来恐怕也很难变好。

第六章

认同自己

6.1 提高"自我效能"的四个关键

"我大概做不到吧""我可能会失败"……一旦有这样的想法,失败的概率就会变大。因为你会被自己脑海中产生的负面情绪牵着走,很有可能会导致发挥失常。

然后你就会认为自己"果然不行",结果会使你更加没有自信,从而陷入恶性循环。

而如果你感觉自己"能成功",那么这种时候几乎都会成功。

比如我自己,即便面对非常严峻的状况,也毫无根据地相信自己"总会有办法解决问题",结果最后真的做到了。

大概你也有类似的经历吧?这种"能成功"的感觉,在心理学上有一个专业术语称之为"自我效能感"。"自我效能"在你培养好的行动习惯和改变人生的过程中,发挥着非常重要的作用。

"自我效能"的作用主要由以下四点产生:

1. 自己成功的经历：在此之前有过相同或者相似的成功经历。

2. 替代性经历：虽然自己没有经历过，但看别人成功，因此认为自己也能够成功。

3. 语言说服：即便自己对行动的成功毫无自信，但别人对你说"你能行"。

4. 情绪和生理的变化：由成就感和喜悦导致生理状态发生变化。

当你想要做什么事的时候，可以利用上述四点来提高你的自我激励能力。

其中，"自己的成功经历"是最有效的。如果你有成功学习英语的经验，那么学习其他语言时一定也会充满自信。在"自己的成功经历"之中，关键在于通过小事来踏实地积累经验。如果一上来就挑战难以实现的目标，那么只能获得"失败"的经历。通过不断地完成小事来积累"成功"的经历，可以确实提高自身的能力。重复这一过程，最终一定能够成功挑战更高的目标。

利用"替代性经历"提高"自我效能"，认识事物的方法尤为重要。

如同事在完成一件困难的工作时，如果你认为"怎么回事，那家伙竟然做到了，真是没劲"，那么只会降低你的自我效能。你之所以会认为"没劲",正是以"自己做不到"为前提的。

只有认为"他做到了,那我应该也能做到"的人,才能够将其他人的成功经历作为自己成长的素材。

"语言说服"也是一样。听到别人的鼓励,有的人会产生自信,而有的人却会因为"认知偏差"产生悲观和自虐的想法。"是吗?原来如此,我也能够做到啊!""就算你这样说,我也是不行的。我最清楚自己的实力了。"哪一种想法更好?不用说也很明显了吧。

而通过成就感和喜悦产生的"生理变化"则必须达到某种条件。这也和"自己的成功经历"一样,如果挑战难以实现的目标,将会很难获得成就感和喜悦。所以应该通过踏实地完成小事来获得"好心情"。

由此可见,"能快速调动情绪"的人更容易有较高的自我效。所以,让自己变成一个"易于调动情绪"的人吧。

6.2 不要依赖"感觉"

"反正我肯定不行""要是又失败了怎么办""失败的话就太丢人了"……只有摆脱这些心理上的困扰,采取具体的行动,你才能够开始改变。

但是就算你想要"改变行动",也不可能一蹴而就。要想将常年养成的坏行为改变成好行为,必须纠正"认知偏差",将精神都集中在眼前的事情上,不急不躁,循序渐进。

正如前文中反复提到过的,你之所以无法达成目标,想要改变却迟迟无法行动,就是因为你太过依赖"干劲"和"毅力"等抽象的东西。

如果你依赖抽象的原因,就很难找到那些妨碍你做出好行动的根本原因。没有解决真正应该解决的问题,心里却想着"只要我努力应该就没问题",结果只会朝着错误的方向越走越远。因为根本问题没有得到解决,所以你还会遇到同样的问题,最后走进死胡同。

第六章 认同自己

为什么我们不解决根本问题,只是一味地埋头前行呢?因为我们总是急于取得成果。

但实际上,有时候欲速则不达。急于求成的后果,只能是从头再来。该是认清这一点的时候了。只有不断地积累小而正确的行动,才是达成目标的唯一方法。

当我们积累小行动的时候,脑海里难免会产生让人不安的想法:"这么慢的速度,真的能够实现目标吗?"这时,我们不能回避这个问题,而应该具体地分析产生不安的原因。

为什么我们会感觉进步的速度慢?如果不在几个月之内做完的话就来不及吗?如果习惯之后速度能不能提高?能不能先保持现在的速度,三个月之后再考虑快慢的问题?有没有利用其他工具来提高速度的方法?经过这样具体的分析之后,一定能够找到解决问题的办法。

如果感到不安却不去解决,自己总放不下心来。为了能够随心所欲地行动,为了能够变成更好的自己,为了构建出满意的人生,请多和自己交流沟通。

6.3 用行动来解决人际关系的问题

人际关系，经常是使我们产生烦恼的主要因素。在公司里感觉到的压力，绝大多数情况下都不是因为工作内容，而是因为人际关系所导致的。

但实际上大家都把人际关系考虑得过于复杂了。人际关系只是人类行动的累积。

如果你感觉到公司的人际关系很紧张，那是因为你和同事的行为都是让人际关系变得紧张的"行为"。比如板着脸打招呼，留言措辞生硬，背地里说别人坏话等等。很多人认为这只是"性格不合"，但事实却完全相反。实际上正是因为有了让人际关系变紧张的行为，所以才会因此而烦恼。

只要认识到这一点，从此以后就不会再因为人际关系而烦恼了。因为你可以通过改变自己的行为来改变人际关系。

请思考一下困扰你的人际关系的问题，你是否都处在被动状态。"部长总是对我发火""隔壁的太太说我的坏话""年轻的部下好像对我不服气"。

也就是说，你是否总是期望与自己不合的人能够做出改变？但这是不可能的。你不可能改变别人，你能改变的只有自己。

某研究机构曾经针对职场的人际关系进行过一次问卷调查。对于"你是否愿意和上司或者部下一起去喝酒"的问题，给出肯定答案的人的理由是"为了培养人际关系"，而与之相对的给出否定答案的人的理由是"不知道聊什么""浪费时间和金钱"。

根据这个结果我们不难看出，"想要培养好的人际关系"的人，在抱怨之前会积极地与对方沟通交流。主导权永远掌握在你自己手中。如果想要培养好的人际关系，与其等待对方改变态度，不如自己主动出击，把人际关系引向好的方向。

当然，最好从小的行动开始。

面带微笑地打招呼，遵守时间，不恶言相向，懂得倾听。也就是说，尽量做让别人高兴的事，不要做惹别人讨厌的事。

如果你觉得"凭什么我非得那样做啊，明明是对方惹人讨厌"，那么你们之间的人际关系恐怕永远也无法得到改善。

"为了培养好的人际关系而改变自己的行动",说明你没有把外界因素当作自己行为的判断标准,而是自己掌握决定权。自己不采取任何行动,只是想着"那个人真讨厌",这是以他人为基准的思考方式。请一定要搞清楚这一点。

难道你不想自己掌控自己的人生吗?难道你不想从被动地接受紧张的人际关系,变成自己主动引导人际关系向好的方向发展吗?

人际关系就是人类行动的累积。如果想要累积好的行动,首先要从自己开始,这样你周围人的行动一定也会发生改变。

6.4 感情与事情的本质没有关系

根据某企业的员工关系调查结果显示，凡是与上司关系生疏的员工都有一个非常明显的共同点——那就是该员工的上司与该员工之间的交流次数与其他员工相比更少。

但当公司对上司提出这一问题时，上司的回答都是"并没有这种事"。因为在上司看来，他对关系一般的员工也进行了相应的指导和交流。

于是，我建议企业针对这一情况做一个专门的统计，将类似"与 A 先生打招呼了""与 B 先生在电梯里聊了一会"之类的小接触进行记录和统计。结果证明，上司与普通员工和关系较生疏的员工之间的接触次数存在着明显的差别。看到这个数据，上司才意识到自己的行为确实存在偏颇。

随后上司下意识地提高了与关系生疏的员工之间的交流次数，结果相互之间的关系出现了明显的改善。

这就是人际关系的本质，一点也不复杂。

如果你身边也有感觉难以相处的人，那么只要多和那个人接触接触就好了。哪怕是很小的接触也可以，只要你主动增加和对方打招呼或者说话的机会，那么你们的关系就会出现好转。

如果上司找你一起去喝酒，试着答应下来吧。哪怕你实际上并不想去，但或许你们会度过一段快乐的时光，还有可能解除彼此的误会。

试着用小行动从错误的认知中摆脱出来，这就是你自己主导改变人际关系的关键。

6.5 "劣后顺序"比"优先顺序"更重要

当你成功地以自己为标准建立起人际关系之后,就可以不被周围的错误因素所影响,能够做到"在该说不的时候说不"。

我们每个人的时间都是有限的。你之所以无法过理想中的生活,之所以无法按照理想改变自己,或许是因为你在有限的时间中做了太多本来不必去做的事情。

为自己创造一个能够积极行动的环境吧。

在创造这个环境的时候,需要注意的是"劣后顺序"比"优先顺序"更重要。所谓劣后顺序,就是先决定应该舍弃的东西。我们不管做任何事都习惯从优先顺序开始,但要想更有效率地行动,与其决定"应该拿什么",不如先决定"应该扔什么"。

比如你有10项工作,如果按照优先顺序的方法思考,那么你会把这10项工作分好先后顺序逐一做完。但实际上你的时间并不够做完全部的 10 项工作，那么"做不完"的心理压力就会一直影响着你。这会导致你难以获得成就感，并且总是焦躁不安。

如果采用劣后顺序的方法，你会先将做不完的工作扔掉。如果时间只够做 6 项工作，那就先扔掉其中 4 项，然后给剩余的 6 项工作安排顺序。这样一来你的行动就会变得更加明确。

本来我们就有太多必须做的事情。

责任感强固然是好事，但你是否认为"任何事都必须自己做才行"？在你的工作之中，有没有安排给部下去做的事？或者你有没有在无足轻重的小事上浪费宝贵的时间？如果能够用"劣后顺序"的方法对事物进行判断，就可以简单地处理掉这些多余的事情。

从今往后，请从"或许我该去做"的模糊不清的认识之中摆脱出来，学会说不。被劣后顺序抛弃的内容，根本没有丝毫留恋的必要。

如果不能最大限度地利用自己的时间，那么你既不能达成目标，也无法改变自己。请将杂乱无章的项目整理清楚，把有限的时间和精力都集中在必要的行动上吧。

6.6 不要做"时间的奴隶"

时间就是人生。你和我，每天都只有 24 小时，在这一点上是人人平等的。

请将宝贵的时间都用在实现目标和让自己变得更好上，但请千万不要有"一分一秒都不能浪费"的执念，你绝对不能变成时间的奴隶。

尽管我也有很多的工作，但我每天晚上都会喝酒，和朋友一起热热闹闹开怀畅饮或在家独自小酌。假设我每天用来喝酒的时间是 2 小时，那么一年就有 700 多个小时用在喝酒上。但是，这些时间绝对没有被浪费。结束一天的工作之后喝酒的时光，对我来说非常重要。

当然，这只是我个人的情况。对于不喜欢喝酒的人，每天晚上都被拉去喝两个小时的酒，那绝对是在浪费时间。这个问题是由个人的标准所决定的。

你的兴趣爱好是什么？

如果喜欢旅行的话，那么你花费在旅行上的时间就不是浪费。如果你将本打算用来旅行的时间拿去学习，那你学习的目的又是什么呢？

每个人的人生都是有限的，人终有一死。正因为如此，我们才应该让这有限的人生变得更加辉煌。

我们既想达成目标，让自己变得更好，又想最大限度地享受现在的快乐，关键在于在这两者之间找到一个平衡。找不到平衡的人，很难实现理想的人生。

6.7 用应用程序来管理时间

以自己为标准生活，过自己真正想过的人生。如果没理解上述两点的重要性就贸然采取行动，只会获得相反的效果。因为这样的人不知道应该如何正确地分配人生有限的时间。

特别是现在的年轻人，因为从小就在父母铺设好的轨道上成长，所以迟迟无法明确自己的价值观。

要想知道自己所花的时间究竟是否值得，可以利用工具来帮助自己进行判断。如智能手机的时间管理应用程序，可以很方便地记录下你所支配的时间，帮助你客观地把握自己使用时间的模式。

当你采取某种行动时，只需要点击"工作""吃饭""睡觉""移动""情报收集""娱乐"等图标，行动结束后你就可以看到自己的所有行动时间都被做成一个非常直观的饼状图。你可以在每个月月初给各项行动的时间安排设定一个目标，然后在月末的时候根据实际的数值来判断目标达成的情况。

利用这样的工具，你可以轻松地看到哪些事在浪费你的时间。

"对我来说，喝酒放松的时间是必不可少的，浏览网页的时间可以适当减少一些"，像这样通过取舍选择来合理地安排自己的时间。

除此之外还有很多能够帮助你合理安排时间的方法。比如，你可以将时常看的电视节目录下来。如果你总是在这个电视节目播出的时候准时坐在电视前，那么就会消耗大量的时间。但是，如果你将这个节目录下来，事后很有可能就再也不会看了。

可以事后再看的节目，实际上或许本来就没必要看，但是当这个节目在电视上播放的时候你不但会从头看到尾，还很有可能继续看下一个节目。录下来的节目可以快进观看，毫无疑问能够节省大量的时间。因此，如果不是非常重要的节目，你都可以养成先录下来再看的习惯。

你可以根据自己的情况想出许多节约时间的方法。

但有一点请务必注意：我并不是在告诉你"一分一秒的时间也不浪费"，而是让你"把有限的时间用在真正想做的事情上"。

6.8 如何获得"金钱之外的报酬"

正如前文中提到过的那样,为了让好的行动坚持下去,让该行动带来好结果是非常重要的。而且这个好结果还必须是能够马上得到的,否则行动将很难坚持下去。

当你用小行动来改变自己的时候,必须给自己准备"能够立刻得到"和"能够切实感受到的"奖励来作为报酬。

一提到报酬,可能绝大多数人首先想到的都是金钱。但是,最能够让我们人类行动起来的其实并不是金钱,而是金钱之外的东西。

最能说明问题的就是感谢和称赞。

"多亏了你,真是太谢谢了!""干得漂亮,真了不起啊!"如果有人对你这样说,那你肯定会很开心地将好的行动坚持下去。

也就是说,如果有人支持你实现目标或者改变自我,那么只要你做出哪怕很小的行动也会得到很大的褒奖。

至于自己给自己的报酬，则可以事先准备好。我最常用的方法是在日程表里先填入自己期待的事物。比如在建立年度计划的时候，我会首先填上游玩等计划，然后在空余的地方填写工作计划。

这样一来，为了实现自己的愿望，我会更有效率地完成工作，保持极高的工作积极性。

不过，或许有的人无法随心所欲地制定自己的年度计划，但优先确定自己的愿望，对于坚持好的行动具有非常重要的效果。

就算你心里想着"有时间的话就去干想干的事"，但因为工作是永远也做不完的，所以你永远也没有时间去做你想做的事。这只会使你的不幸福感和被害者心理愈来愈强，最终你会被彻底打垮。

很多人都在无意识中将自己置于这样的境况之中，然后一味地抱怨自己无法达成目标，无法改变自己，并且因此痛不欲生。为了改变这种情况，请让自己更快乐一些吧。

6.9 养成好习惯的"5分钟行动"

我很喜欢跑步,曾经完成过 100 千米马拉松和被称为"世界上最残酷"的撒哈拉马拉松。

但实际上,我以前并没有运动的习惯。以前的我身上有很多赘肉,就连上楼梯都会上气不接下气。忽然有一天,我冒出了"跑马拉松"的想法。没错,我想要改变自己。

但那时候我已经 40 多岁了,坦白地说我并不知道自己是否能做到,就连我身边的人也大多都劝我说"不要折腾了"。于是我去找一位运动专家商量,得到的答案是"我可以",而这位运动专家给我的建议正是"从小行动开始"。

"首先每周运动两次,每次走 30 分钟。"当时我可以说是做好了艰苦训练的心理准备,所以当听到这句话时第一反应是"哎,这样就可以吗?"不过,当我按照要求坚持了一段时间之后,就得到了增加运动量的指示。

"在走 30 分钟的时候试着跑 5 分钟。"当我能够做到这点之后，跑步的时间就逐渐延长到 10 分钟、15 分钟，最后 30 分钟。

"我能够坚持跑步 30 分钟啦！"

对于完全没有运动习惯的我来说，这时候的成就感简直难以用语言来形容。在成就感的驱动下，我又相继完成了 10 千米马拉松，半程马拉松，最后是全程马拉松。这个成功的经历又激励我完成了 100 千米马拉松和撒哈拉马拉松。

当然，如果我一开始的目标就是跑完撒哈拉马拉松的话，那我绝对是坚持不下来的。我肯定会在运动过程中遇到挫折，最后只留下不好的回忆。我的改变是通过不断积累小的行动来实现的。

正如我反复强调的一样，运用行动科学自我管理术时，绝对不能勉强自己。

一天 5 分钟就足够了。只需要坚持 5 分钟的行动。一个想要减肥的人就算每天想三小时"我要变瘦"，体重计上的数值也不会发生任何的变化，但只要他每天坚持走路 5 分钟，最后的结果肯定会发生改变。

不要以为"只走路 5 分钟根本不可能减肥"，坚持完成小的行动，不断地积累，最后一定能够带来好的结果。

首先从 5 分钟能够完成的行动开始。

只要坚持一个月，你一定能够发生改变。

6.10 人生是一种必然

我们的情绪很容易出现波动，尽管我们知道应该以自己作为判断的基准，但遇到实际情况时还是可能产生"认知偏差"。在感情混乱的情况下，我们会在不经意间以世俗或他人为标准对事物进行判断，结果陷入与事实不符的臆想之中。

如果对这种偏差置之不理，那么你好不容易积累起来的好的习惯都将失去意义，人生的道路也会朝着错误的方向越走越远。

请养成定期检查自己人生的习惯，至于检查的方法可以由你自己决定。

前文中提到过的使用记录本或记录软件的方法，在检查自己的人生时非常有用。或者你还可以使用行动科学管理术中最重要的工具——"行动列表"，这可以帮助你更加具体地对自己的人生进行检查。我认为"人生是一种必然"。

你肯定有很多想法和打算吧？那么，打算什么时候开始行动呢？

请不要说"我决定从明天就开始行动"。

"明天开始行动"的人，他的"明天"恐怕永远也不会到来。

如果你打算从明天开始做三件事，那么就降低难度从现在开始只做一件事。然后，请感受"做到了"的喜悦。请享受这种成就感，请认可自己。在这个瞬间，你就已经开始改变。

你能够不以世俗的价值观为基准，而以自己为基准改变自己的人生；

你能够从小的行动开始，踏实地积累和坚持；

你能够专注于现实和现在；

你会对这样的自己感到喜悦，并给予褒奖。

这样的你将无所不能，你可以随心所欲地改变自己。

出版后记

我们每个人都不是完美的,有的人总是感情用事,有的人时常恐惧失败,有的人容易逃避困难……或许我们都有过"改变自己"的念头吧,但能够成功"蜕变"的人或许少之又少。事实上,在"改变人生"的道路上失败并不可怕,可怕的是我们不去分析"失败的原因",也不用行动去改变现状,只一味地陷入自责和自我怀疑的情绪中无法自拔,被恐惧和不安的负面情绪困扰。要知道,人们对自己的认知存在太多"偏差",无论是评价自身,还是改变人生,最靠得住的标准只有"行动"。

本书作者石田淳,被公认为"日本研究行为科学第一人",专注于用行为分析学和心理学的方法科学分析人类的行为,并由此发展出一套"行为科学管理"的法则。本书从解释人们的"错误行为"和"认知偏差"开始,完整地介绍了自我行为管理的科学方法,指引读者学会避免"认知偏差"，走出"行动误区"。当我们陷入消极的情绪中时，最该做的不是告诉自己"要振作"，而是放松和休息；当我们感到紧张时，最该做的不是"安慰自己"，而是转移自己的注意力……不以他人为参照系，不让情感和"莫须有的想象"轻易左右自己的选择，将所有的注意力都集中在简单而具体的"行动"之上，用行动证明自己，用行动评价别人，哪怕是很小的行动，也以科学理性的态度分析对待——只有这样，我们才能真正开始改变。

改变人生，从行动开始，从放下本书的这一分钟开始。

服务热线：133-6631-2326 188-1142-1266

读者信息：reader@hinabook.com

后浪出版公司

2016 年 7 月

图书在版编目（CIP）数据

从行动开始：自我管理的科学 / (日) 石田淳著；朱悦玮译.
—南昌：江西人民出版社，2016.8（2021.1重印）
ISBN 978-7-210-08579-9

Ⅰ.①从… Ⅱ.①石…②朱… Ⅲ.①自我管理Ⅳ.①C912.1

中国版本图书馆CIP数据核字(2016)第149742号

JINSEI O KAERU KODOKAGAKU SERUFU MANEJIMENTO by ISHIDA Jun
Copyright © 2013 ISHIDA Jun
All rights reserved.
Originally published in Japan by DAIWA SHOBO PUBLISHING CO., Tokyo.
Chinese simplified translation rights arranged with DAIWA SHOBO PUBLISHING CO., Japan
through THE SAKAI AGENCY and BARDON-CHINESE MEDIAAGENCY.

Simlified Chinese translation copyright ©2016 by Ginkgo (Beijing) Book Co., Ltd. Industry.
本书中文简体版由银杏树下（北京）图书有限责任公司出版发行。
版权登记号：14-2016-0135

从行动开始：自我管理的科学

著者：[日]石田淳　　译者：朱悦玮
责任编辑：胡　滨　　万细妹
出版发行：江西人民出版社　　印刷：北京汇林印务有限公司
889毫米×1194毫米　1/32　印张6.75　字数136千字
2016年8月第1版　2021年1月第6次印刷
ISBN 978-7-210-08579-9
定价：36.00元
赣版权登字 —01—2016—378

后浪出版咨询(北京)有限责任公司 常年法律顾问：北京大成律师事务所
周天晖 copyright@hinabook.com

未经许可，不得以任何方式复制或抄袭本书部分或全部内容
版权所有，侵权必究
如有质量问题，请寄回印厂调换。联系电话：010-64010019

《坚持，一种可以养成的习惯》

将好的习惯坚持下去，你需要的不是意志力，而是正确的方法！

著　　者：（日）古川武士
译　　者：陈美瑛
书　　号：978-7-5502-7227-9
出版时间：2016.5
定　　价：36.00 元

想减肥、想攒钱、想戒烟？想培养好习惯，却总是半途而废？了解自己无法坚持的原因，才能开始改变！这不是一本教你培养"好习惯"的书，它聚焦于更本质、更核心的问题：你为什么总是半途而废，培养习惯是否有正确的方法？本书作者古川武从研究人的"行动科学"入手，总结了培养习惯的三大阶段："反抗期"、"不稳定期"、"倦怠期"。针对每一阶段所可能遇到的困难及人们的心理反应，用具体的案例清晰地向读者介绍了培养习惯的科学方法。想要坚持行动，靠的不是意志力，是正确的方法！告别你的"三分钟热度"，从阅读这本书开始吧！

内容简介

每个人都具有对抗新变化、维持现状的倾向，这是人的天性。想要将好的习惯坚持下去，你需要的不是意志力，而是养成习惯的诀窍和方法！本书系统地介绍了培养习惯的阶段性特征及相应的应对方法，教导读者如何掌握坚持下去的诀窍，科学克服惰性，将培养习惯的过程变得像刷牙般轻松自然。